Bindungsangst verstehen und überwinden.

Warum Männer und Frauen unter Beziehungsangst leiden und was Sie als Betroffener oder Partner tun können.

Autoren: Theresa König, Ole Andersen
Herausgeber: Das Beraterteam

Reihe: Beziehungsratgeber des Beraterteams

Bibliografische Information der Deutschen Nationalbibliothek

Die Deutsche Nationalbibliothek verzeichnet diese Publikation in der Deutschen Nationalbibliografie;
detaillierte bibliografische Daten sind im Internet über http://dnb.d-nb.de abrufbar

ISBN: 978-3-03799-300-2 1. Auflage 2012

Herstellung: Tredition GmbH, Hamburg

Verlag: Bluepoint Publishing Limited

Bilderquellen: Fotolia, Springender Goldfisch © akf #31815634

INHALT

VORWORT

Liebe Leserin, lieber Leser,

wenn Sie sich entschieden haben, dieses Buch zu lesen, dann haben Sie dies sicherlich getan, weil Sie irgendeinen Leidensdruck verspüren. Sie haben eine Partnerin oder einen Partner, der sich nicht fest an Sie binden will, oder aber Sie merken selbst, dass Sie sich nicht hundertprozentig auf Ihren Partner einlassen können. Vielleicht ist Ihre Beziehung aus einem dieser Gründe ins Wanken geraten, oder Ihre bisherigen Partnerschaften sind immer wieder daran gescheitert. Sollte eine dieser Situationen auf Sie zutreffen und Sie möchten gerne etwas an Ihrer Beziehungsfähigkeit ändern oder etwas über die Bindungsängste Ihres Partners erfahren, dann haben Sie mit diesem Buch die richtige Wahl getroffen.

In diesem Buch möchten wir Ihnen verdeutlichen, auf welche Art sich Bindungsängste äußern können. Im ersten Teil gehen wir differenziert auf diese Thematik ein. Wir werden beschreiben, welche Verhaltensweisen und Gefühle typisch sind. Vermutlich haben Sie auch selbst schon eine Vorstellung davon, was Sie unter bindungsängstlich verstehen. Man muss kein Psychologe sein, um zu wissen, was ein typisches bindungsängstliches Verhalten ist. Wenn Menschen immer wieder das Bedürfnis haben „Reißaus zu nehmen", sobald eine Beziehung enger und verbindlicher wird, und großen Wert auf Freiheit und Unabhängigkeit legen, es nie lange in einer Beziehung aushalten oder sich vielleicht gar nicht mehr binden, können dies Indizien dafür sein.

Was vielleicht zunächst weniger auf der Hand liegt, ist die Tatsache, dass Menschen mit einem solchen Bindungsverhalten auch bestimmte Partner anziehen und umgekehrt. Diese Partner, die von Menschen mit Bindungsängsten angezogen werden, nehmen die entsprechend andere Rolle in der Beziehung ein. Sie tun alles in ihrer Macht Stehende, um den „flüchtigen" Partner enger an sich zu binden. Oft leiden diese Personen unter der ständigen Unerreichbarkeit ihres Partners und wünschen sich nichts sehnlicher als mehr Verbindlichkeit und mehr Beständigkeit in der Beziehung. Sie fühlen sich abhängig und häufig verletzt, da ihr Liebster oder ihre Liebste ihnen diese Wünsche immer wieder versagt. Oftmals können solche Personen schon ein Lied davon singen, da sie auch in der Vergangenheit immer wieder an flüchtige Partner geraten sind. Auf den ersten Blick könnte man denken, dass sie einfach ein schlechtes Händchen in der Partnerwahl haben. Dass sie Pechvögel sind, die im Liebesleben eben immer an den oder die Falsche geraten. Manchmal ist es geradezu auffällig, dass ihr „Beuteschema“ auf flüchtige oder unnahbare Partner ausgerichtet ist. Für diese Menschen ist nichts interessanter, ja geradezu unwiderstehlicher, als ein potenzieller Partner, der sich für sie nicht oder nur wenig interessiert. Häufig fragt man sich dann bei diesen potenziellen Partnern: Was ist so besonders an ihr oder ihm? Vielleicht ist die Person noch nicht einmal besonders attraktiv, intelligent, gebildet oder ansonsten eine gute Partie. Dennoch haben solche unnahbaren Kandidaten auf bestimmte Menschen eine außerordentliche Anziehungskraft. Es muss einen Grund dafür geben, dass sich manche Menschen immer wieder leidenschaftlich in emotional unerreichbare Partner (und zwar ausschließlich in solche) verlieben. Je unerreichbarer der (potenzielle) Partner ist, desto leidenschaftlicher ist die Liebe. Damit wollen wir nicht ausdrücken, dass sie dabei bewusst vorgehen, vielmehr ist das Gegenteil der Fall. Betroffene Personen würden dagegen auch heftig protestieren. Schließlich leiden sie ja unter der emotionalen Abstinenz ihrer Partner und spüren ganz deutlich, dass sie sich nichts sehnlicher wünschen, als eine enge und verbindliche Beziehung mit ihm oder ihr zu führen, vielleicht zu heiraten, eine Familie zu gründen, etc. Dennoch suchen sich solche Menschen immer wieder Partner, mit denen dies nicht möglich ist. Sei es, weil der oder die Auserwählte immer wieder für Distanz sorgt, wenn die Beziehung enger wird, oder weil schon von vornherein eine Distanz „installiert“ ist. Zum Beispiel durch eine räumliche Distanz bei einer Fernbeziehung oder weil der Partner z. B. verheiratet, geschäftlich viel unterwegs oder einfach emotional nicht erreichbar ist. Es ist der große Verdienst der Erfolgsautoren Steven Carter und Julia Sokol, den Blick weg vom bindungsängstlichen Partner hin zum bindungsängstlichen Paar zu richten. Von Carter und Sokol übernehmen wir die Begrifflichkeiten „passiver Vermeider“ und „aktiver Vermeider“. Mit passiven Vermeidern sind Personen gemeint, die sich zu aktiven Vermeidern, also typisch bindungsängstlichen Menschen, hingezogen fühlen. In ihrem sehr empfehlenswerten Buch „Nah und doch so fern“ schildern die beiden Autoren ausführlich und mit zahlreichen Fallbeispielen das Zusammenspiel von passiven und aktiven Vermeidern in Beziehungen. Es sind stets die aktiven Vermeider, die in der Beziehung für mehr Distanz und somit für mehr Aufregung in der Beziehung sorgen, sei es, dass sie aus der Beziehung aussteigen, wenn sie ihnen zu eng wird, oder auf andere Art und Weise Distanz schaffen. Der Partner mit dem aktiven Vermeidungsmuster sorgt dafür, dass sich die Beziehung selten oder nie über einen bestimmten Punkt hinaus entwickeln kann. Während es bei einem aktiven Vermeider offenkundig ist, dass ihm ein Zuviel an Nähe unangenehm wird, ist dies bei einem passiven Vermeider auf den ersten Blick nicht der Fall, denn er verhält sich paradoxerweise so, als würde er ein größeres Maß an Nähe anstreben. Doch tatsächlich vermeidet er die Nähe passiv, indem er häufig immer wieder Partner wählt, die diesen Part übernehmen. Beide Vermeider-Typen verhalten sich gegensätzlich und haben dennoch (natürlich unbewusst) das gleiche Ziel: das Verhindern von zu viel Nähe in der Beziehung.

Im ersten Teil wollen wir uns zunächst ausführlicher den Gefühlen und Verhaltensweisen der aktiven Vermeider widmen. Sie sind diejenigen, die in bindungsängstlichen Beziehungen Nähe und Distanz regulieren, oft zum Leidwesen ihrer Partner, denen manchmal plötzlich und ohne erkennbaren Zusammenhang die eben noch vorhanden gewesene Wärme versagt wird. An dieser Stelle sei erwähnt, dass es sich bei den aktiven

Vermeidern nicht ausschließlich um Männer und bei den passiven Leidensgenossen nicht um ein grundlegend weibliches Phänomen handelt. Beide Rollen haben sowohl männliche als auch weibliche Stellvertreter. Viele Menschen vertreten die Auffassung, dass es überwiegend Männer sind, die sich nicht fest binden wollen. Unzählige Autoren bedienen sich dieses Klischees und richten ihre Bücher über Bindungsangst ausschließlich an weibliche Leser. Sie stellen Hypothesen über das männliche Gehirn auf und erklären Frauen, was sie tun sollen, um ihren Traumpartner an sich zu binden. Wir sind hier grundlegend anderer Auffassung. Wir haben in therapeutischen Gesprächen, aber auch in unserem Freundes- und Bekanntenkreis unzählige Fälle beobachtet, bei denen die Frauen typische Verhaltensweisen von aktiven Vermeidern aufwiesen und Männer typisch passives Vermeidungsverhalten. Beim Lesen wird Ihnen zwar auffallen, dass wir keine weibliche Form als Zusatz- bzw. Doppelnennung benutzt haben. Doch haben wir auf die Verwendung der weiblichen Form, wie z. B. „Vermeider*Innen*“ oder „Bindungsphobiker*Innen*“, lediglich der Einfachheit halber verzichtet. Der Text lässt sich dann einfach flüssiger lesen.

Im zweiten Teil werden wir ausgiebig auf die Ursachen von Bindungsangst eingehen, die in der Kindheit und der Erziehung zu finden sind. Die Ursachenforschung soll Ihnen helfen, Zusammenhänge zu erkennen. Bestimmte Erziehungsmaßnahmen sorgen dafür, dass wir als Erwachsene wiederholt in Konflikte geraten. Wenn uns die Ursachen für diese Konflikte nicht bekannt sind, ist es schwer, etwas zu verändern. Aus den Erkenntnissen, welche Erziehungsmaßnahmen bindungsängstliches Verhalten begünstigen, lässt sich ableiten, an welchen Baustellen der erwachsene bindungsängstliche Mensch arbeiten kann, um seine Beziehungsfähigkeit zu verbessern. Die Bewusstwerdung und das Erlernen neuer Verhaltensweisen ermöglichen es den aktiven wie auch den passiven Beziehungsphobikern, ein größeres Maß an Nähe zuzulassen und die Partnerschaft glücklicher zu gestalten. Mit welchen Bausteinen Sie eine neue Art der Bindungsfähigkeit erlernen können, erfahren Sie im dritten und letzten Teil unseres Buches.

Um die Lesbarkeit zu vereinfachen, verwenden wir die übergeordnete Form „Partner“. Gemeint sind jedoch immer sowohl das männliche als auch das weibliche Geschlecht, es sei denn, es ist ausdrücklich anders erwähnt. Der Begriff „Bindungsangst“ wird in diesem Buch synonym verwendet mit „Beziehungsangst“.

Wir wünschen Ihnen viele neue Erkenntnisse und Freude beim Lesen.

Herzlichst

Ihre Theresa König und Ole Andersen

www.beraterteam.info

Wichtig:
Bitte tragen Sie sich unbedingt in unseren Newsletter ein, um kostenlos weitere Tipps zum Thema zu erhalten: www.beraterteam.info/bindungsangst-tipps

Bindungsängste Erkennen

GESICHTER DER ANGST

Öffnen wir zunächst den Vorhang für ein Drama in drei Akten, denn bindungsphobische Beziehungen verlaufen in typischen Phasen und enden leider meistens in einer Tragödie:

Der Auftakt

Zu Beginn ist eine jede Liebesbeziehung weitestgehend frei von Konflikten. Während der Kennenlernphase muss das Objekt der Begierde zunächst erobert werden. Es sind vor allem die aktiven Vermeider, die sich der Eroberung ausdauernd und hartnäckig widmen. Mit allen Künsten der Verführung versuchen sie, den andern für sich zu gewinnen. Unglücklicherweise wird dies häufig als besonders ernsthaftes Interesse missverstanden.

Das Interesse in dieser Phase gilt tatsächlich in vollem Maße dem potenziellen Partner. Solange sich die auserkorene Person noch nicht zu einer festen Beziehung bekannt hat, gibt es noch keinen Grund, sich bedroht oder eingeengt zu fühlen. Im Gegenteil: Sollte die Eroberung nicht glücken, wäre in dieser Phase viel stärker das Ego bedroht. In dieser Phase wird die umschwärmte Person meist noch uneingeschränkt idealisiert und begehrt. Eine Zurückweisung ihrerseits wäre schmerzhaft und kränkend. Um dies zu verhindern, werden alle Hebel in Bewegung gesetzt.

Die Wende

Der Wendepunkt tritt zu dem Zeitpunkt ein, an dem die Eroberung erfolgreich war und die eroberte Person signalisiert, dass sie sich nun zu einer festen Beziehung bekennt. Ein solches Bekenntnis führt zunächst dazu, dass sich der Eroberer etwas zurücklehnen kann. Ist das Zielobjekt erst einmal „erbeutet", schwindet die Angst, bei der Eroberung scheitern zu können. Die Sicherheit, die er nun hat, erlaubt es ihm, seine Eroberung kritisch zu betrachten. Während der Kennenlernphase war ihm dies nicht möglich, war er doch viel zu sehr damit beschäftigt, selbst zu imponieren. Jetzt aber fragt er sich, ob die Eroberung auch all die Mühe wert war. Je stärker die eroberte Person nun ebenfalls in die Beziehung investiert, desto mehr kann sich der aktive Vermeider auf seinen „Lorbeeren" ausruhen und seine kritische Betrachtung intensivieren. In einer noch jungen Beziehung kann sich dies zunächst darin äußern, dass sich der aktive Partner lediglich etwas weniger ins Zeug legt und vorerst nur die romantischen Gesten ausbleiben. Je mehr der neu eroberte Partner jedoch in die Beziehung investiert, desto mehr wird sich der aktive Vermeider eingeengt, erdrückt und vereinnahmt fühlen. Er wird seine Freiheit und das anspornende Glücksgefühl vermissen, das er beim „Akt der Eroberung“ empfunden hat. Seine Gefühle gegenüber seinem Partner werden immer ablehnender, er verhält sich zunehmend desinteressiert und zurückweisend.

Das Ende

Je enger und fester die Beziehung wird, desto mehr verstärken sich Bindungsangst und entsprechende Abwehr beim aktiven Vermeider. Instinktiv wird er auf irgendeine Weise Distanz zwischen sich und dem Partner schaffen. Sein Bedürfnis nach Freiraum wird zunehmen, das Gleiche gilt möglicherweise für sein Interesse an anderen Frauen bzw. Männern. Vielleicht beendet er früher oder später die Beziehung, oder er sorgt durch sein respektloses Verhalten dafür, dass der Partner diesen Schritt für ihn übernimmt.

Die Zugabe

Unmittelbar nach der Trennung lassen die bindungsängstlichen Gefühle des aktiven Partners nach. Die Gefühle von Einengung und Ablehnung weichen schließlich dem Gefühl von starker Sehnsucht nach dem verlorenen Partner. Häufig können sich die aktiven Partner dann ihre ablehnenden Gefühle nicht mehr erklären und glauben, einen Fehler gemacht zu haben. In solchen Fällen nehmen sie wieder Kontakt auf, um es mit dem Ex-Partner erneut zu probieren. Auch dieser leidet am Verlust, sodass es zu einem Neubeginn der Beziehung kommt. Das Ganze geschieht nicht selten auch in mehreren Runden, die sich jedoch im Ablauf sehr ähneln und meistens früher oder später ein unglückliches Ende nehmen.

JAN UND SABINE

DER AUFTAKT

JAN UND SABINE LERNTEN SICH BEI DER ARBEIT KENNEN. ALS JAN SABINE SAH, WAR ER BEGEISTERT VON IHR UND WOLLTE SIE UNBEDINGT NÄHER KENNENLERNEN. DARAUS MACHTE ER KEINEN HEHL UND SIGNALISIERTE IHR ZUNÄCHST MIT KLEINEN GESTEN GANZ OFFENSICHTLICH SEIN INTERESSE. ER HOLTE SIE ZUR

MITTAGSPAUSE AB, ÜBERRASCHTE SIE MIT KLEINEN MITBRINGSELN, UND MANCHMAL UNTERNAHMEN BEIDE AUCH ETWAS PRIVAT. SABINE WAR ZUNÄCHST GAR NICHT SO ANGETAN VON JAN, DOCH JE NÄHER SIE IHN KENNENLERNTE, DESTO MEHR GEFIEL ER IHR AUCH. ZUNÄCHST DACHTE SIE NOCH GAR NICHT AN EINE FESTE BEZIEHUNG. SIE GENOSS ES EINFACH, UMSCHWÄRMT ZU WERDEN. EINES TAGES SCHLUG JAN SABINE VOR, ÜBERS WOCHENENDE GEMEINSAM WEGZUFAHREN, UND SABINE WILLIGTE EIN. SCHON WIEDER HATTE JAN KEINE KOSTEN UND MÜHEN GESCHEUT UND ALLES PERFEKT VORBEREITET. NACHDEM JAN SABINE NUN EINIGE WOCHEN LANG DEN HOF GEMACHT UND DABEI IMMER WIEDER SIGNALISIERT HATTE, DASS ER SICH EINE BEZIEHUNG MIT SABINE WÜNSCHTE, WAR ES NUN AUCH UM SABINE GESCHEHEN, DENN SIE GENOSS DIE AUFMERKSAMKEIT VON JAN SEHR. IN DER ZWISCHENZEIT HATTE SIE SICH RICHTIG IN IHN VERLIEBT. ES DAUERTE NICHT LANGE UND DIE BEIDEN WURDEN EIN PAAR.

DIE WENDE

SABINE WAR NUN SO RICHTIG VERLIEBT. SIE KONNTE SICH ALLES MIT JAN VORSTELLEN UND FREUTE SICH AUF EINE GEMEINSAME ZUKUNFT. DOCH SCHON NACH KURZER ZEIT MERKTE SIE, DASS DAS ROMANTISCHE LIEBESGEFLÜSTER UND DIE UMSCHWÄRMEREI NACHLIEßEN. DOCH DAMIT NICHT GENUG. JAN ZOG SICH IMMER MEHR ZURÜCK UND HATTE SELTENER ZEIT FÜR SABINE. AM TELEFON GAB ER SICH RESERVIERTER. HINZU KAM, DASS ER AUF PARTYS, TEILWEISE IN SABINES ANWESENHEIT, MIT ANDEREN FRAUEN FLIRTETE.

SABINE WAR SEHR VERLETZT UND KONNTE JANS VERHALTEN NICHT BEGREIFEN. ER WAR DOCH ANFANGS GENAUSO GLÜCKLICH UND VERLIEBT GEWESEN WIE SIE. SIE KONFRONTIERTE IHN MIT DER

BEOBACHTETEN VERÄNDERUNG. JAN KONNTE SICH DAS DAHINSCHWINDEN SEINER ZUNEIGUNG AUCH NICHT ERKLÄREN. ER MERKTE LEDIGLICH, DASS ER SABINE NICHT MEHR SO ANZIEHEND FAND WIE ZU ANFANG. DA ER SIE NUN NÄHER KENNENGELERNT HATTE, FIEL IHM AUF, DASS IHN VIELE KLEINIGKEITEN AN IHR STÖRTEN. ER MACHTE AUCH NICHT HALT DAVOR, SIE AUF IHRE FEHLER AUFMERKSAM ZU MACHEN, UND DACHTE, WENN SIE NUR DAS EINE ODER ANDERE ÄNDERN WÜRDE, KÖNNTE ER SIE WIEDER MEHR LIEBEN.

DAS ENDE

SABINE WAR SEHR VERLETZT. WIE HATTE JAN SICH NUR IN DER KURZEN ZEIT SO VERÄNDERN KÖNNEN. GERADE JETZT, WO ALLES SO SCHÖN WAR. JAN WAR SELBST VERWIRRT ÜBER SEINEN GEFÜHLSZUSTAND. ER UNTERNAHM GAR KEINE GROßEN ERKLÄRUNGSVERSUCHE MEHR UND ZOG SICH IMMER MEHR ZURÜCK. JE WEITER ER SICH ZURÜCKZOG, UMSO MEHR MÜHE GAB SICH SABINE, UM NOCH ETWAS ZU RETTEN. AUßERDEM VERSUCHTE SIE, ATTRAKTIVER FÜR IHN ZU SEIN, DOCH DAS ALLES BRACHTE NICHTS. IM GEGENTEIL, ALLES WURDE NUR NOCH SCHLIMMER. SCHLIEßLICH GAB SABINE ES AUF. VERLETZT UND ENTTÄUSCHT BEENDETE SIE DIE BEZIEHUNG.

DIE ZUGABE

NACH EINIGEN TAGEN DER FUNKSTILLE FING JAN AN, SABINE MEHR UND MEHR ZU VERMISSEN. ER KONNTE ES SICH AUCH NICHT ERKLÄREN, DOCH JETZT, DA SABINE WEG WAR, FÜHLTE ER WIEDER DIE GLEICHE ZUNEIGUNG ZU IHR WIE AM ANFANG DER BEZIEHUNG. ER WOLLTE SABINE NUN UM JEDEN PREIS ZURÜCK UND RIEF SIE AN. AUCH SABINE LITT UNTER DER TRENNUNG, DENN SIE WAR SEHR IN JAN VERLIEBT.

DIE BEIDEN VERSUCHTEN ES EIN ZWEITES MAL MITEINANDER, DOCH SCHON NACH EINER KURZEN ROMANTISCHEN PHASE WIEDERHOLTE SICH DIE GESCHICHTE.

DIE ÄNGSTE UND ABWEHRMECHANISMEN DER FLÜCHTIGEN PARTNER

Wird das für den Bindungsängstlichen erträgliche Maß an Zuneigung überschritten, stellen sich Ängste ein. Diese Bindungsängste werden jedoch häufig nicht als solche empfunden. Die Bindungsangst „tarnt" sich vielmehr und erscheint in anderer Form. Sie zeigt sich beispielsweise in der Sorge, im Leben noch etwas verpassen zu können. Dies ist vor allem dann der Fall, wenn es nach einer stabilen und dauerhaften Beziehung aussieht. Bindungsängstliche haben das Gefühl, in der Falle zu sitzen, und dass von nun an nur noch Langeweile droht. Manch anderer Beziehungsflüchtige erlebt noch nicht einmal ein Angstgefühl, sondern nur ein diffuses Unwohlsein in festen Beziehungen. Er hat das Gefühl, dass „irgendetwas" in der Beziehung nicht stimmt, dass der Partner nicht gut genug ist, oder er empfindet einfach einen außerordentlichen Freiheitsdrang. Bei solchen Kandidaten wird die Angst nicht als solche empfunden, da sie noch tiefer im Unbewussten verborgen liegt. Anstatt Angst zu empfinden, fangen sie an, ihre Partner plötzlich überkritisch zu betrachten. Vielleicht finden sie sie plötzlich nicht mehr so attraktiv. Kleinere Makel, die zunächst gar nicht aufgefallen sind, erscheinen nun in einem ganz anderen Licht. Der kleine Leberfleck auf der Wange, den sie zuvor noch gar nicht wahrgenommen haben, erscheint plötzlich außerordentlich hässlich, und der Partner könnte optimalerweise eigentlich etwas größer, kleiner, ordentlicher, gepflegter, intelligenter, gebildeter, unternehmungslustiger oder origineller sein. Viele sind zudem der Überzeugung, dass sie einfach nur noch nicht den oder die Richtige gefunden haben.

SUSANNA: „ALS JENS MICH GEFRAGT HAT, OB WIR NICHT ZUSAMMENZIEHEN WOLLEN, HABE ICH MIR SOFORT VORGESTELLT, WIE ES WÄRE, WENN ER IN DER GEMEINSAMEN WOHNUNG SO HAUST WIE IN SEINER JETZIGEN. ICH BIN EIN SEHR ORDENTLICHER MENSCH, DAS WÜRDE ÜBERHAUPT NICHT HARMONIEREN. AUßERDEM MÜSSTEN WIR UNS BEI DER EINRICHTUNG ABSTIMMEN, UND IN SOLCHEN DINGEN MAG ICH GAR KEINE KOMPROMISSE EINGEHEN.“

Susanna kam es zunächst nicht in den Sinn, dass der Grund für ihr Empfinden etwas mit Bindungsängsten zu tun haben könnte. Stattdessen kamen ihr eher Zweifel daran, dass Jens wirklich der richtige Partner für sie ist.

Häufig werden Themen der Bindungsangst akut, wenn die Beziehung einen bestimmten Punkt erreicht hat. Je nach Ausprägung der Bindungsangst geschieht dies zu völlig unterschiedlichen Zeitpunkten, beziehungsweise durch völlig unterschiedliche Auslöser. Ein häufiger Auslöser besteht darin, dass der emotional unterlegene Partner vom aktiven Vermeider ein Bekenntnis zur Beziehung fordert. Irgendwann werden Lippenbekenntnisse nicht mehr ausreichen, und vom aktiven Vermeider wird mehr gewünscht. Typische Beispiele hierfür sind: Zusammenziehen, Heiraten, Erwerb von Eigentum und Familienplanung. Bei anderen aktiven Partnern sind es bereits viel kleinere Situationen, die starkes Unbehagen auslösen, wie Händchenhalten auf der Straße, die Planung eines gemeinsamen Urlaubs oder der Gedanke, den Partner dem Freundes- oder Familienkreis vorzustellen. Jedes erforderliche Bekenntnis droht, das innere Gleichgewicht zu gefährden.

Dieses Unbehagen, das die aktiven Vermeider immer dann empfinden, wenn ein bestimmtes Maß an Nähe überschritten wird, spüren auch ihre Partner. Für sie ist es das Gefühl von Ablehnung, das immer wieder zu großen Enttäuschungen und Verletzungen führt. Doch die aktiven Vermeider wollen ihre Partner nicht völlig verlieren, sondern lediglich auf Distanz halten. Um den Partner nicht völlig zu vergraulen, ihn aber gleichzeitig auch nicht zu nah an sich heranzulassen, finden viele aktiven Vermeider einen Kompromiss darin, sich ständig in einer Bekenntnis-Grauzone zu bewegen: Sie sagen weder Ja noch Nein, sind weder Fisch noch Fleisch. Sie sagen Dinge, wie: „Die Umstände sind derzeit denkbar ungünstig, um diesen Schritt zu gehen“, „Ich bin noch nicht bereit, mich fest zu binden“, „Ich bin noch zu jung“ oder „Ich benötige noch etwas Zeit“. Durch derartige Hinhaltetaktiken erhofft sich der aktive Vermeider, Verständnis und Zeit beim Partner zu erschleichen, die er irrtümlicherweise glaubt zu benötigen, um herauszufinden was er eigentlich will. Der emotional abhängige Partner ist nun ebenfalls stark verunsichert, wird er doch (meist vergebens) in der Hoffnung gelassen, dass der Partner sich zwar *jetzt* noch nicht sicher ist, sich dies jedoch in absehbarer Zeit ändern wird. Diese Hoffnung wird allerdings fast immer enttäuscht, denn: Der aktive Vermeider braucht nicht unbedingt Zeit, er weiß einfach nicht, was er will.

VOM WEGLAUFEN UND WEGSTOßEN

Menschen nehmen Ängste sehr unterschiedlich bewusst wahr. Bindungsangst geht bei den wenigsten Betroffenen mit körperlichen Beschwerden wie Nervosität, Schweißausbrüchen, Herzrasen, Übelkeit oder Erstickungsgefühlen einher. Die meisten Bindungsphobiker nehmen gar nicht unbedingt ein Angstgefühl wahr. Stattdessen wird das Nähebedürfnis des Partners als bedrohlich erlebt, worüber die Anziehung oftmals verloren geht. Sehr häufig wird der Partner dann als „nervend" oder „uninteressant" beschrieben. Um die Abwehrmechanismen von Bindungsphobikern zu verstehen, ist es jedoch sehr wichtig, sich vor Augen zu führen, dass es sich bei Bindungsangst tatsächlich um eine Angst handelt. Der Psychoanalytiker Erich Fromm schreibt: „Der Mensch ist auch ein Tier, aber ein solches, das nicht genügend mit Instinkten ausgerüstet ist, um es bei seinem Handeln zu leiten."[1] Auch die Psychotherapeutin und Autorin Stefanie Stahl schreibt in ihrem sehr empfehlenswerten

---

[1] Fromm, Erich: Authentisch leben, S. 37.

Buch „Jein!“[2], dass wir Menschen genau wie Tiere exakt drei Möglichkeiten haben, mit denen wir auf eine starke Bedrohung reagieren können, nämlich mit Angriff, Flucht oder dem Totstellreflex. Im Fall starker Angst schaltet sich das bewusste Gehirn aus und stellt sich auf Kampf oder Flucht ein. Der Körper setzt Adrenalin frei, ein Hormon, das Energiereserven mobilisiert und unseren Körper auf Hochtouren bringt, sodass wir in bedrohlichen Situationen den Überlebenskampf meistern können. Von der Natur waren diese Reaktionen ursprünglich dafür angelegt, dass wir bei Gefahr schneller weglaufen oder uns besser wehren können. In solchen Situationen muss unser Körper beispielsweise schneller mit Blut versorgt werden, weshalb das Herz schneller schlägt. Dies erklärt auch, weshalb (Bindungs-)Angst bei manchen Menschen mit körperlichen Symptomen wie beispielsweise Herzrasen einhergeht.

Im kommenden Abschnitt werden wir erläutern, wie der aktive Vermeider unbewusst und instinktiv durch Angriffs- oder Fluchtverhalten wieder Distanz in die

---

[2] Stahl, Stefanie: Jein! Bindungsängste erkennen und bewältigen. Seminare und Interviews: www.stefaniestahl.de/

Beziehung bringt. Selbstverständlich unterscheidet sich unser Flucht- und Angriffsverhalten von dem unserer Vorfahren. Unter den Begriffen Angriff und Flucht sind weniger körperliche, handgreifliche als vielmehr emotionale Reaktionen zu verstehen.

DER AKTIVE VERMEIDER AUF DER FLUCHT

Weglauftaktik durch emotionalen Rückzug

Bei dieser Weglauftaktik ist der aktive Vermeider zwar noch körperlich anwesend, aber er entzieht sich seinem Partner emotional. Er lässt ihm nicht mehr das bisherige Maß an Wärme, Aufmerksamkeit und Liebe zuteilwerden. Die plötzliche, bisher ungewohnte kühle Ausstrahlung lässt das Herz des passiven Partners erfrieren, hat er doch nichts anders oder falsch gemacht. Der emotionale Rückzug ist eine unbewusste Methode des aktiven Vermeiders in der Hoffnung, ein für ihn erträglicheres Maß an Nähe herstellen zu können. Er lässt den Partner emotional am ausgestreckten Arm verhungern, häufig so sehr, dass es fast schon grausam anmutet. Die Erwartungen des anderen werden immer wieder enttäuscht.

Flucht in die Geschäftigkeit

Sehr häufig klagen Partner darüber, dass derjenige, der sich vor Beziehungsnähe schützt, Arbeitsverpflichtungen vorschiebt. Dabei kann es sich entweder um Arbeitsverpflichtungen beruflicher Art oder auch um Haus- bzw. Gartenarbeiten handeln (Letzteres allerdings seltener). Entscheidend ist, dass es um einen Bereich geht, der nicht vom Partner geteilt wird. Dieses Verhalten wird häufig weder von den betroffenen passiven noch von den aktiven Partnern in seiner Barriere-Funktion durchschaut. Für die aktiven Vermeider bekommt die berufliche oder private Beschäftigung plötzlich eine außerordentliche Wichtigkeit. Die Gründe, weshalb die Arbeit Priorität vor der Beziehung haben muss, scheinen ja auch für alle Beteiligten auf der Hand zu liegen, weshalb sich die passiven Partner zu viel Nachsicht verpflichtet fühlen, aber dennoch enttäuscht sind.

HANNA: „ES LIEF RICHTIG GUT MIT UNS, DOCH DANN STÜRZTE SICH JÜRGEN SO SEHR IN DIE ARBEIT, DASS ER KAUM NOCH ZEIT FÜR MICH HATTE. ICH KANN SEINE GRÜNDE VERSTEHEN, ER HAT EINEN WICHTIGEN POSTEN MIT VIEL VERANTWORTUNG UND BEI GUTER

ARBEITSLEISTUNG AUSSICHT AUF EINE BEFÖRDERUNG. DAS GEHALT KOMMT JA AUCH DER GESAMTEN FAMILIE ZUGUTE. DENNOCH WÜNSCHE ICH MIR MEHR ZEIT FÜR ZWEISAMKEITEN."

PETER: „IN IHRER FREIZEIT IST JULIA LEIDENSCHAFTLICHE KÜNSTLERIN. IN DIESEM HOBBY GEHT SIE AUF, UND ICH BEWUNDERE SIE SEHR FÜR IHR TALENT. DAHER MÖCHTE ICH SIE IN IHREM HOBBY AUCH NICHT EINSCHRÄNKEN, INDEM ICH MEHR ANSPRÜCHE AN SIE STELLE. ICH WÜRDE MIR ABER WÜNSCHEN, DASS ICH EBENFALLS MEHR PRIORITÄT IN IHREM LEBEN HÄTTE."

Weglauftaktik durch geografische Distanzierung

Die Barrieren, die Bindungsphobiker errichten, können auch räumlicher oder medialer Art sein. Häufig werden Beziehungen von vornherein vorwiegend in der Ferne und/oder über das Medium Internet gesucht und gefunden. Auch hier lassen sich schnell und einfach Gründe finden, um sich nicht weiter rechtfertigen zu müssen. Nur im Internet glaubt der Bindungsängstliche, den wirklich passenden Partner zu finden. Und wenn es dann doch vor Ort „funkt", bietet das Jobangebot aus dem Ausland eine passende Gelegenheit, sich zu distanzieren, und den gewünschten Studiengang gibt es natürlich ausschließlich in Schönweitweghagen. Aktive Vermeider sind geradezu prädestiniert dafür, sich von vornherein für einen Beruf zu interessieren, der sie zeitlich immer stark in Anspruch nimmt oder des Reisens verpflichtet, das heißt, sie wählen nicht selten eine berufliche Tätigkeit aus, die voraussetzt, dass man viel unterwegs sein muss.

Flucht in die ewige Suche nach Mr./Mrs. Right

Eine weitere Abwehrstrategie, um sich seine Ängste nicht eingestehen zu müssen, ist die folgende: Aktive Vermeider sind häufig der Ansicht, dass sich ihre Schwierigkeiten, sich enger zu binden, *dann* in Wohlgefallen auflösen werden, wenn erst der Traumprinz oder die Traumprinzessin vorbeigeritten kommt. Bisher haben sie einfach noch nicht den *Richtigen* oder die *Richtige* kennengelernt. Doch die Partner, egal wie attraktiv, erfolgreich oder charmant sie auch sind, können es den aktiven Vermeidern einfach nicht recht machen. Sie hoffen weiterhin auf den Traumpartner, der plötzlich in ihr Leben kommen wird, und alle Zweifel werden behoben sein. Das Problem ist nur, dass sich diese „Traumwesen“ immer wieder in „Alptraumwesen“ verwandeln werden, und zwar dann, wenn sie ihnen zu nahekommen.

Das Prinzip Bindung *oder* Sexualität

Die sexuelle Enthaltsamkeit ist eine „Unterform" des emotionalen Rückzugs. Zu Beginn einer Beziehung ist das Sexualleben häufig besonders berauschend und leidenschaftlich, denn solange die Partner leidenschaftlich verliebt sind, läuft der Sexualtrieb auf Hochtouren. Zu Beginn einer bindungsängstlichen Beziehung ist dies in der Regel noch bei *beiden* Partnern der Fall. Je stärker sich jedoch die bindungsängstlichen Gefühle breitmachen, also die Angst des aktiven Vermeiders vor emotionaler Vereinnahmung, desto mehr wird auch seine Liebeslust dahinschwinden (und zwar bis hin zum Nullpunkt). Der Partner verliert an Anziehung und Attraktivität, und das wirkt sich selbstverständlich auch auf das Sexualverhalten aus. Wie die Überschrift bereits ausdrückt, wird die Mischung aus Nähe und Sexualität zu einem Gräuel! Somit entwickelt sich eine Entweder-oder-Logik nach dem Motto: „Ich liebe dich irgendwie noch, aber im Bett läuft nichts mehr", oder: „Ich will Sex mit dir, aber keine dauerhafte, feste Verbindung."

Sex ist die am stärksten bindende Kraft in einer Partnerschaft. Wie gut ein aktiver Vermeider körperliche Nähe *auf Dauer* zulassen kann, hängt in der Regel davon ab, wie eng die Bindung zum Partner auf der emotionalen Ebene ist. So verbindend wie Sex in Beziehungen sein kann, so trennend wirkt er, wenn er dem Partner verweigert wird. Daher ist die sexuelle Verweigerung häufig auch Teil des emotionalen Rückzugs.

Nach unserer Erfahrung erwacht die eingeschlafene Sexualität typischerweise dann, wenn eine Trennung im Raum steht oder Untreue in der Beziehung zum Thema wird.

Manche aktive Vermeider können jedoch auch auf Dauer besonders leidenschaftliche Liebhaber sein. In solchen Fällen ist die Sexualität häufig eines der wenigen verbindenden Elemente in der Partnerschaft. Diese Kandidaten enthalten ihren Partnern zwar nicht den Sex vor, dafür aber umso mehr die Nähe auf anderen Ebenen. Sie geben sich besonders unverbindlich und emotional zurückhaltend. Da es an emotionaler Nähe fehlt, kann die körperliche Nähe zugelassen werden. Aus unserer Sicht ist die Sexualität einer der wichtigsten Indikatoren für Bindungsangst.

Weglaufen durch Fremdgehen, Untreue oder „Dreiecksbeziehung“

Schwindet das sexuelle Verlangen nach dem eigenen Partner, nimmt der sexuelle Appetit gegenüber anderen Personen häufig zu. Aktive Vermeider sagen häufig, dass sie nicht treu sein können und sich zu anderen Sexualpartnern hingezogen fühlen. Bei passiven Vermeidern und Verliebten ohne Bindungsstörungen ist dies anders. Sie sind lediglich auf ihren Partner fixiert und haben gar kein Bedürfnis auf ein sexuelles Abenteuer mit jemand anderem.

Die Anziehung zu anderen Personen und das Bedürfnis fremdzugehen entstehen (unbewusst) durch die Angst vor emotionaler Nähe. Da die Angst vor zu starker Vereinnahmung bei Bindungsphobikern groß ist, befürchten sie, dass man sie ganz verschlingen könnte, wenn sie sich vollständig zur Beziehung bekennen. Darum sagen aktive Vermeider häufig, dass es ihnen schwerfällt, sich festzulegen. Untreue stellt eine Möglichkeit dar, sich „heimlich“ nicht festzulegen. Der aktive Vermeider sorgt mit seinem Seitensprung oder seiner Affäre somit (unbewusst) für größere Distanz zu seinem „Haupt“-Partner. Auf diese Weise geht der aktive Vermeider mit *mehreren* Personen *weniger enge*

Bindungen ein, anstatt mit *einer* Person eine *feste* Bindung einzugehen.

Für die passiven Partner ist Untreue eine besonders schmerzhafte Methode, der Nähe zu entkommen.

Eine andere, nicht weniger schlimme Form des Betrugs besteht darin, die real vorhandene Beziehung gar nicht erst als Beziehung zu definieren bzw. den Partner vor Freunden oder Verwandten zu verleugnen.

Verstecken hinter Regeln und Grenzen

Aktive Vermeider sind wahre Meister darin, Barrieren zu errichten, und nie um eine Erklärung verlegen.

SIMONE: „TUT MIR LEID, ÜBER DIE FEIERTAGE WERDE ICH NICHT HIER SEIN. ES IST EINFACH TRADITION, DASS ICH WEIHNACHTEN BEI MEINER SCHWESTER UND DEN KINDERN VERBRINGE."

Aktive Vermeider setzen starre und enge Grenzen, innerhalb derer sich der Partner in der Beziehung nur bewegen darf. In der Regel ist der Rahmen fester abgesteckt, als sich ihre Partner dies wünschen. Diese haben häufig das Gefühl, von bestimmten Bereichen oder Lebensplänen (Freundes- und Familienkreis, Gewohnheiten und Planungen) ihres Partners ausgeschlossen zu sein. Ihre überlegene Position sichert den aktiven Bindungsängstlichen die Möglichkeit, die Zügel über Nähe und Distanz in der Partnerschaft in der Hand zu halten Dies betrifft vor allem zeitliche Faktoren. In der Regel wollen sie weniger Zeit mit ihrem Partner verbringen als umgekehrt. Häufig sehen die bindungsängstlichen Partner auch die gesamte Beziehung als etwas zeitlich Begrenztes an. Bei der Vorstellung, auf immer und ewig mit einem Partner zusammenzubleiben, schnürt es ihnen die Kehle zu.

Aus der Beziehung flüchten

Ist die Angst vor emotionaler Vereinnahmung unerträglich, sehen viele Beziehungsphobiker keine andere Möglichkeit, diesem Gefühl zu entrinnen, als die Beziehung zu beenden. Nicht selten flüchten sich die aktiven Vermeider gleich in die nächste Beziehung, in der bekanntlich noch keine Bedrohung herrscht und die Anfangseuphorie vordergründig ist.

DIE ANGRIFFSLUST DER AKTIVEN VERMEIDER

Fehlt der Mut, die Distanzierung oder Trennung eigeninitiativ einzuleiten, sorgt manch ein Vermeider lieber durch sein Verhalten dafür, dass sich der Partner von ihm zurückzieht oder gar trennt. Dieses Wegstoßen des Partners stellt neben den Weglauf-Taktiken eine wirksame Methode dar, um den Partner auf Abstand zu bringen. In den meisten Fällen tritt das bindungsängstliche Verhalten in einer Mischform aus Weglaufen und Wegstoßen auf.

Da der passive Partner dem bindungsängstlichen Partner irgendwie immer zu nahekommt, auch wenn er sich schon sehr zurückhaltend verhält, treffen ihn die „Attacken" des aktiven Partners ohne jeglichen erkennbaren Zusammenhang. Mit Attacken sind keineswegs körperliche Angriffe gemeint, sondern vielmehr ein verstecktes aggressives Verhalten, das häufig auch als passiv-aggressives Verhalten beschrieben wird. Auf subtile Weise (verbal oder nonverbal) wird der Partner „gepiesackt", gekränkt, verletzt und gedemütigt.

Passiv-aggressives Verhalten ist von provozierender Art, meistens rücksichtslos und häufig von Respektlosigkeit gekennzeichnet. Wird man von einer Person, die man liebt, respektlos behandelt, *zieht man sich* meist gekränkt *zurück*. Diesen „Braten" scheinen die bindungsängstlichen Angreifer instinktiv zu riechen. Ein paar Beispiele passiv-aggressiven Verhaltens sind im Folgenden exemplarisch aufgelistet:

- Der aktive Vermeider macht Bemerkungen, die den Partner erniedrigen, auflaufen lassen oder anderweitig als minderwertig darstellen. Wie beispielsweise Tom, der in einer Gesprächsrunde zum Thema Heiraten (in Anwesenheit seiner Freundin) folgende provozierende Bemerkung vom Stapel lässt: „Wozu die Kuh kaufen, wenn man die Milch gratis haben kann."

- Neben Blamieren oder Bloßstellen stellt das exzessive Fremdflirten eine Möglichkeit dar, den Partner zu verletzen. Insbesondere, wenn das Fremdflirten vor den Augen des Partners und in Anwesenheit anderer stattfindet (während der Partner links liegen gelassen wird), kann dies sehr demütigend für den Partner sein.

- Der aktive Partner veranstaltet giftige Sticheleien, pickt die Schwächen des anderen heraus.

- Der aktive Partner macht flapsige Bemerkungen, die die Verbindlichkeit und Dauerhaftigkeit der Beziehung in Frage stellen.

- Der aktive Vermeider schämt sich für seinen Partner und lässt ihn dies spüren.

- Jegliche Form von respektlosem, entwertendem und herabsetzendem Verhalten kann für die Distanzierung „von Nutzen“ sein. Auch ständiges Zuspätkommen und dauerndes offensichtliches Setzen anderer Prioritäten (vor die Beziehung) kann dazu verwendet werden, den Partner gezielt zu kränken.

- Eine ebenfalls beliebte Methode, den anderen wegzustoßen, ist es, aus heiterem Himmel einen Streit vom Zaun zu brechen, wie es in folgendem Beispiel deutlich wird:

JASMIN UND PHILIP

PHILIP ARBEITETE ALS LIEFERANT FÜR EINEN PIZZASERVICE. AN EINEM VORMITTAG, ALS NOCH NICHT ALLZU VIEL ZU TUN WAR, BESCHLOSS ER, SEINE FREUNDIN JASMIN ZU ÜBERRASCHEN. ER FUHR, BEWAFFNET MIT EIN PAAR PIZZEN FÜR DIE GEMEINSAME MITTAGSPAUSE, IN DAS MODEGESCHÄFT, INDEM SIE TÄTIG WAR. JASMIN, DIE GERADE MIT DER BERATUNG EINER KUNDIN BESCHÄFTIGT WAR, ERBLICKTE PHILIP BEIM BETRETEN DES LADENS.

SIE FÜHRTE DAS GESPRÄCH MIT DER KUNDIN ENGAGIERT FORT UND ZOG ES UNNÖTIG IN DIE LÄNGE, WÄHREND SIE PHILIP, DER ETWAS VERLOREN IM LADEN STAND, AUFFÄLLIG LANGE SICH SELBST ÜBERLIEß. ALS DIE KUNDIN DEN LADEN VERLIEß, FIEL DIE WIEDERSEHENSFREUDE BEREITS ETWAS SPÄRLICH AUS. JASMIN BEGRÜßTE PHILIP ETWAS UNTERKÜHLT UND SIGNALISIERTE SCHON VON VORNHEREIN, NUR WENIG ZEIT ZU HABEN. SIE LIEß SICH DANN ABER AUF EINE KURZE GEMEINSAME MITTAGSPAUSE EIN UND VERLIEß GEMEINSAM MIT PHILIP DEN LADENBEREICH. WÄHREND DES ESSENS SAGTE SIE: „KOMMT DEINE BAUCHFALTE EIGENTLICH DAHER, DASS DU IN JEDER DEINER MITTAGSPAUSEN PIZZA ISST?“

PHILIP SCHIELTE ETWAS VERUNSICHERT MIT EINEM PRÜFENDEN BLICK ZU SEINEM BAUCH HINUNTER UND VERTEIDIGTE SICH: „NEIN, ICH GEHE AUCH HÄUFIG IN DIE SALATBAR NEBENAN. NUR, WEIL ICH BEI EINEM PIZZASERVICE ARBEITE, HEIßT DAS JA NICHT …“

IN DIESEM MOMENT BETRAT DANIEL, JASMINS KOLLEGE AUS DER HERRENABTEILUNG, DEN RAUM, DEN JASMIN ÜBERSCHWÄNGLICH BEGRÜßTE, OHNE PHILIP WEITER ZUZUHÖREN: „NA, MR. LOOKING GOOD! MÖCHTEST DU MIR UND MEINEM PIZZABOTEN GESELLSCHAFT LEISTEN?“ NACHDEM DANIEL JEDOCH DANKEND ABGELEHNT UND DEN RAUM VERLASSEN HATTE, BLICKTE JASMIN IHM NOCH STRAHLEND HINTERHER, EHE SIE SICH WIEDER PHILIP ZUWANDTE. PHILIP, DER NUN ENDGÜLTIG VERWIRRT UND VOR DEN KOPF GESTOßEN WAR, WOLLTE JASMIN MITTEILEN, DASS IHR VERHALTEN IHN VERLETZTE, UND SAGTE: „ERST SIGNALISIERST DU MIR, DASS ICH FETT BIN, UND DANN FLIRTEST DU MIT DIESEM TYPEN UND BEZEICHNEST IHN ALS GUT AUSSEHEND. KANNST DU MIR MAL SAGEN WAS DAS SOLL? KEIN WUNDER, DASS ICH FRUSTESSEN BETREIBEN MUSS, WENN DU MICH SO SCHLECHT

BEHANDELST." WÄHREND PHILIP FRUSTRIERT UND VERWIRRT SEINE SACHEN ZUSAMMENPACKTE, UM DEN LADEN ZU VERLASSEN, ENTGEGNETE JASMIN NOCH: „ICH KANN AUCH NICHTS DAFÜR, DASS DU AUF GUT AUSSEHENDE MÄNNER IN MEINEM UMFELD IMMER GLEICH EIFERSÜCHTIG REAGIERST. MUSS WOHL WAS MIT DIR UND DEINEM MANGELNDEN SELBSTWERTGEFÜHL ZU TUN HABEN."

ALS PHILIP WIEDER IN SEINEM LIEFERWAGEN SAß, WAR ER ZUTIEFST VERLETZT UND VERWIRRT. ER FRAGTE SICH, WARUM JASMIN SICH SO VERHALTEN HATTE, UND IHN ÜBERKAMEN PLÖTZLICH SELBSTZWEIFEL. SEIN BÄUCHLEIN STÖRTE IHN SELBST, UND GESUNDE ERNÄHRUNG WAR NOCH NIE SEINE STÄRKE GEWESEN. VIELLEICHT WAR ER WIRKLICH NICHT ATTRAKTIV GENUG FÜR JASMIN, VIELLEICHT SCHÄMTE SIE SICH AUCH FÜR IHN, DER ER DICKBÄUCHIG IM PIZZA-AUSLIEFERANZUG EINFACH IN IHREM SCHICKI-MICKI-MODELADEN ERSCHIENEN WAR …

Die Tatsache, dass Jasmin ihren Freund dem Kollegen Daniel als Pizzaboten vorgestellt hat, ist typisches Verhalten, denn Bindungsängstliche demonstrieren nicht gerne in der Öffentlichkeit, dass sie einen Partner haben. Auch wenn die Degradierung zum Pizzaboten in unserem Beispiel von Jasmin nur ein Scherz war, ist die Botschaft deutlich. Bindungsphobikern ist es zuwider, jegliche Form exklusiver Zweisamkeit öffentlich zu zeigen. (So wahren sie z. B. auch auf Partys gerne den körperlichen Abstand zum Partner. Keine Küsschen, kein Händchenhalten.) Aktive Vermeider haben meistens ein ganz besonderes Talent dafür, die entscheidenden

Knöpfe, die den anderen zielsicher auf Distanz bringen, genau zu finden. So war es auch bei Jasmin und Philip. Philip ist ohnehin nicht besonders zufrieden mit seiner Figur, schon als kleiner Junge wurde er für seine Molligkeit gehänselt. Daher ist ihm auch in den Sinn gekommen, dass Jasmin recht haben könnte. Stark verunsichert, hat Philip dann auch noch versucht, vor seiner Freundin zu bestehen, indem er ihr zeigen wollte, dass er eben kein gefräßiges „Dickerle" ist, sondern sich bemüht, sich gesund zu ernähren. Doch auch das nützt nichts, um sich vor dem Beschuss des Partners zu schützen. Im Gegenteil, es macht sogar alles noch schlimmer. Auch die Versuche, dem Angreifer sein respektloses Verhalten aufzuzeigen, scheitern kläglich. Meistens ist sich dieser noch nicht einmal einer Schuld bewusst. Oder schlimmer noch – er versteht sich selbst nicht und weiß nicht, warum er immer wieder so fies ist.

Auf diese Art setzen sich Bindungsphobiker auch gegen Wünsche und Erwartungen ihrer Partner zur Wehr. Dafür muss der Partner diese noch nicht einmal geäußert haben. Die bloße Fantasie, der Partner könne Erwartungen haben, die der aktive Vermeider nicht erfüllen könnte, reicht aus, und der aktive Vermeider meint, ihnen Einhalt gebieten zu müssen.

Wer kennt nicht den Mythos vom schönen Jüngling Narzissos, der von Mädchen und Jünglingen gleichermaßen begehrt und umworben wurde. Doch war er so stolz auf seine Schönheit, dass er Verehrerinnen und Verehrer gleichermaßen kaltherzig zurückwies. Eines Tages, als er sich in unberührter Natur an einer Wasserquelle niederließ und hineinblickte, verliebte er sich in sein eigenes Spiegelbild. Stunde um Stunde blickte er verzückt ins Wasser, um sich an seiner Schönheit zu erfreuen. Doch gequält von der Unerfüllbarkeit seiner Selbstliebe, stieß er sich eines Tages einen Dolch in die Brust.

Im Volksmund häufig auf „Eitelkeit“ oder „Selbstliebe“ reduziert, ist die Ursache von Narzissmus vielmehr in einem stark *verunsicherten* Selbst begründet (im zweiten Teil dieses Buches werden wir auf die Ursachen noch etwas detaillierter eingehen). Da sich Menschen mit einem nicht gelösten narzisstischen Konflikt minderwertig fühlen, glauben sie, dass andere Menschen dies auch so wahrnehmen müssten. Aus der Angst heraus, nicht gut genug zu sein und deshalb nicht anerkannt und geliebt werden zu können, sind sie ständig um Perfektion bemüht. Ihre

Daseinsberechtigung wägen sie nur dann in Sicherheit, wenn sie sich und anderen ausreichend beweisen können, dass sie doch nicht so wertlos sind. Dies tun sie, indem sie beispielsweise versuchen, ihre Leistungen und ihr Äußeres zu perfektionieren. Aus diesem Grund sind Narzissten häufig attraktive, erfolgreiche und schillernde Persönlichkeiten. Gelingt es einmal nicht, das gewünschte Selbstbild vor sich oder anderen aufrechtzuerhalten, gewinnt das Mangelbewusstsein die Überhand und der Narzisst fühlt sich klein und wertlos. Extreme Narzissten sind ständig mit dem eigenen Image und der Außendarstellung beschäftigt, da ihnen ein eigenständiges, von der Außenwahrnehmung unabhängiges Selbstwerterleben völlig fehlt. In dem er versucht, so zu sein, wie die Gesellschaft ihn gern hätte (charmant, lustig, attraktiv, beruflich erfolgreich etc.), hofft der Narzisst, das Ansehen und die Liebe zu bekommen, auf die er glaubt, als Durchschnittsmensch keinen Anspruch zu haben. Ständig hat er das Gefühl, der Mittelpunkt der Welt zu sein, und ist ununterbrochen damit beschäftigt, was andere über ihn denken könnten. Aus diesen Gründen ist er bestrebt, ein glänzendes Images abzugeben, und dazu gehört auch ein vorzeigbarer Partner, der dieses Image ebenfalls mit „aufpoliert“. Viele Narzissten legen Wert darauf, dass ihre Partner mindestens (!) so attraktiv sind wie sie selbst. Da der Narzisst einen Partner nicht in erster Linie als eigenständiges Wesen sieht, sondern als Erweiterung des eigenen Selbst, fühlt er sich durch einen besonders attraktiven Partner „aufgewertet“. Merkmale für eine positive Bewertung des Partners können neben einem guten Aussehen auch beruflicher Erfolg, Bildungsstand oder sozialer Status sein. Da Narzissten ihre Minderwertigkeitsgefühle durch einen gewissen Größenwahn kompensieren, halten sie sich selbst für etwas Besonderes. Daher soll auch der Partner etwas ganz Besonderes sein. Dies ist auch der Grund, aus dem Narzissten häufig Partner wählen, die ebenfalls narzisstische Züge aufweisen. Und so finden sich dann oft zwei schöne Menschen zu einem hübschen Paar zusammen (das wir dann beispielsweise in einem Hochglanzmagazin bewundern dürfen). Im Prinzip sehnen sich Narzissten nach einem „perfekten“ Partner, da dieser in der Beziehung eine Spiegelfunktion übernimmt. Der Partner soll widerspiegeln, wie man sich selbst gerne sieht. Oder noch viel mehr: wie man sich selbst gern sehen würde. Darüber hinaus soll er als „Verlängerung des eigenen Selbst“ das eigene Image aufpeppen. Umgekehrt jedoch, so denkt der Narzisst, könnten die Schwächen des Partners auch auf ihn zurückfallen. Da sie sein Ansehen gefährden könnten, werden die Partner ständig auf Fehler und Unzulänglichkeiten abgeklopft. Befindet sich der Narzisst in einer Beziehung, müssen die vermeintlich vorhandenen Schwächen des Partners genauso bekämpft werden wie die eigenen. Der Narzisst liebt weder sich selbst noch seinen Partner, wie er ist, und so muss auch der Partner nach den eigenen Idealvorstellungen „umgestaltet" werden. Doch Narzissmus ist nicht nur dann im Spiel, wenn man sich fragt, ob der Partner gut genug für einen ist, sondern auch, wenn man sich sorgt, selbst den Ansprüchen des anderen nicht zu genügen. Diese Angst steht vor allem zu Beginn von narzisstisch-bindungsängstlichen Beziehungen im Vordergrund, wenn der aktive Vermeider noch auf Eroberungskurs ist, denn zu diesem Zeitpunkt stehen die Versagensängste und das Nähebedürfnis (noch) im Vordergrund. Durch die Eroberung werden diese bekämpft, denn der Narzisst tut das, worin er gut ist: sich seinen Wert durch „gute Leistungen" (in diesem Fall durch die Eroberung) zu beweisen. Im Prinzip schwankt der Narzisst ständig zwischen zwei Extremen: Gelingt es ihm, ein positiv bewertetes Selbstbild aufrechtzuerhalten, fühlt er sich wie der Größte und meint, einen ebensolchen Partner zu verdienen. Doch sobald etwas an diesem Selbstbild rüttelt (z. B. eine Kränkung oder Niederlage), fühlt sich der Narzisst zutiefst minderwertig, klein und unterlegen. Diesem ständigen Hin und Her zwischen Auf- und Abwertung sind nicht nur die Narzissten selbst, sondern auch ihre Partner ausgeliefert. Je nach Lage des Selbstwertgefühls werden sie heiß umworben oder sind einem Sturm von heftiger Kritik ausgeliefert.

WENN TRENNUNGSÄNGSTE ÜBERWIEGEN – ODER DIE BEWUSSTE WAHL EINES EMOTIONAL UNTERLEGENEN PARTNERS

Die Attribute, nach denen wir unseren Partner auswählen, sind vielfältig. Der Autor des Buches „Was die Liebe scheitern lässt“, Dietmar Stiemerling, hat in diesem Zusammenhang die Begriffe „Sicherheitsprinzip“ und „Lustprinzip“ geprägt. Zumeist kommt es zu einer festen Beziehung, weil wir uns in den anderen Menschen verliebt haben. In einem solchen Fall geht vom anderen eine emotionale und sexuelle Anziehung aus. Zeit mit ihm zu verbringen, bringt uns in Wallung, bereitet uns Lust und Leidenschaft. In einem solchen Fall erfolgt die Partnerwahl nach dem Lustprinzip. Doch gibt es neben der romantischen Liebe noch andere Gründe, die uns dazu veranlassen, uns an jemanden zu binden. Die Partnerwahl kann beispielsweise auch nach dem Sicherheitsprinzip erfolgen. Diese Wahl wird im Gegensatz zur Wahl nach dem Lustprinzip viel bewusster getroffen, ist weniger von der Anziehung determiniert und geht folglich auch nicht mit leidenschaftlichen Gefühlen einher. Sie findet dann statt, wenn die Ängste vor Einsamkeit und Verlassenheit vor denen der Vereinnahmung überwiegen. Wie es dazu kommt, dass bei jemandem die Trennungsängste überwiegen, liegt in

Kindheitserfahrungen begründet. Hierauf werden wir im zweiten Teil des Buches noch weiter eingehen. An dieser Stelle sei nur so viel erwähnt, das Menschen mit großen Trennungs- und Verlassenheitsängsten einen Ausweg aus ihrer Misere suchen und ihn mitunter darin finden, dass sie sich ganz bewusst einen Partner suchen, der emotional stärker von ihnen abhängig ist als sie von ihm. Stiemerling schreibt hierzu Folgendes:

„Die in der Frühkindheit vom Kind erlebten Traumata des Verlassenseins werden vom Kind gefühlsmäßig nicht vergessen, sondern etablieren eine Bereitschaft, auf drohenden Objektverlust mit Panikerleben zu reagieren. Der solchermaßen vorgeprägte Erwachsene wird deshalb alles unternehmen, um einen Zustand dieser Art nie mehr eintreten zu lassen. Er leidet ja an großer Trennungsangst und muss deshalb bestrebt sein, ihrem Auftreten entgegenzusteuern bzw. sie so stark wie möglich zu minimieren. Eine Lösung dieses Problems erblickt er in der Wahl eines inferioren Liebesobjekts. Wenn ich meinen Partner nicht so sehr liebe – weil er diverse Mängel hat und unter meinem Niveau liegt –, muss ich mich über seinen eventuellen Verlust nicht sehr grämen. Wenn ich meinen Partner von mir emotional oder finanziell abhängig mache (zum Beispiel die tüchtige Karrierefrau und der berufliche Versager), er mich also viel mehr braucht als ich ihn, dann kann ich einigermaßen sicher sein, dass er bei mir bleibt."[3]

Neben der Angst vor dem Alleinsein kann die Wahl eines nicht ebenbürtigen Partners ihre Ursache in starken Minderwertigkeitskomplexen haben. In diesem Fall ist eine solche Partnerwahl narzisstisch motiviert. (Wir erinnern uns, dass Narzissten, um sich nicht wertlos zu fühlen, einen „Vorsprung an augenscheinlichen Vorzügen", wie Stiemerling es bezeichnet, gegenüber ihren Partnern benötigen. Wie bereits im vorigen Kapitel beschrieben, handelt es sich bei diesen Vorzügen meist um Image-Attribute, wie Attraktivität, Jugendlichkeit, Erfolg und materiellen Wohlstand). Stiemerling schreibt: „Die Angst vor der Ungleichwertigkeit bringt sie dazu, unter Niveau, nicht standesgemäß zu heiraten. Obwohl der äußere Augenschein und die übrigen Lebensumstände ganz für sie sprechen, können sie sich nur bei einem Menschen einigermaßen wohl und sicher fühlen, dessen Persönlichkeit leichter wiegt als die ihre."[4] In seinem Buch schildert Stiemerling in einem Fallbeispiel die Begegnung mit einer Psychotherapiepatientin, die erklärt, dass sie ihren

---

[3] Stiemerling, Dietmar: Was die Liebe scheitern lässt, S. 236.

[4] Ebd., S. 228.

Mann eigentlich nur deshalb geheiratet hat, weil sie ihn nicht liebt. In der Therapiesitzung berichtet sie, dass das Nichtvorhandensein von Liebe ihr die Bindung überhaupt erst ermöglicht habe. Stiemerling schreibt: „Es stellte sich dann heraus, dass ihr Ehemann weder reich noch eine gute Partie war, noch sonst irgendwelche Vorzüge hatte. Er war zweite Wahl. Sie erlebte ihn auf Grund seines fortgeschrittenen Alters und seines kleinbürgerlich-ärmlichen Zuschnitts als nicht ebenbürtig, sondern wertmäßig unter sich stehend. Dieses von ihr so deutlich wahrgenommene Gefälle war geradezu die Voraussetzung dafür, dass sie mit ihm überhaupt eine Verbindung eingegangen war. Spätestens an dieser Stelle wurde mir klar, in welch unergründliche Gefilde der Motivation sich die menschliche Seele versteigen kann.“[5]

Sucht man sich einen Partner, der einen mehr liebt als man ihn, sichert man sich damit auch die überlegene Position. Als überlegener Partner kann man die Kontrolle über Nähe und Distanz selbst steuern und muss auf diese Art und Weise beispielsweise keine Zurückweisung fürchten. Große Trennungsängste können also auch ein

[5] Ebd. S. 224.

Grund dafür sein, dass sich jemand die Rolle des emotional Unabhängigeren bewusst aussucht.

DIE PASSIVEN VERMEIDER

Es gibt viele Männer und Frauen, die mit äußerster Anstrengung versuchen, einen Partner an sich zu binden, der offensichtlich sehr viel weniger an der Beziehung interessiert ist. Diese Menschen leiden häufig sehr darunter, dass sie selbst so viel mehr in die Beziehung investieren als ihre Partner. Es sind die Partner von aktiven Vermeidern, die sich so sehr wünschen, dass sich ihre Partner endlich so zu der Beziehung bekennen mögen, wie sie selbst es tun. Für solche Personen liegt nichts ferner als der Gedanke, dass *sie selbst* ein Bindungsproblem haben könnten, da sie einen Großteil ihrer Lebensenergie darauf verwenden, den Partner fester an sich zu binden. Und als „Angst vor einer festen Bindung“ würden diese Menschen ihren Gefühlszustand als Allerletztes beschreiben. Diese Menschen erwecken tatsächlich den Eindruck, als wären sie durchaus bindungsfähig. Sie scheinen sogar wie verrückt eine feste Bindung anzustreben. Sie sind durchaus in der Lage, sich heftig zu verlieben, sie möchten mit ihrem

Partner verschmelzen und schwören ihm ewige Treue. Doch leider geraten sie wie durch ein Wunder immer an die Falschen, die ihre heftigen Gefühle nicht in gleichem Maße erwidern, wodurch sie immer wieder großen Kummer erleiden. Wenn Sie diese Gefühle kennen, sind Sie damit nicht alleine. In diesem Abschnitt möchten wir Ihnen aufzeigen, weshalb Sie sich (natürlich unbewusst) selbst in diese missliche Lage gebracht haben. Wir möchten Ihnen vor Augen führen, dass die Bereitschaft, sich mit einem bindungsängstlichen Menschen einzulassen, einiges über Ihre eigenen Bindungsängste aussagt. Ein englisches Sprichwort lautet: „It takes two to tango" – Es gehören immer zwei dazu. Wenn Sie sich immer wieder in Menschen verlieben, die Ihre Gefühle nicht teilen oder Sie stets aufs Neue verletzen, ist dies bestimmt kein Zufall. Es ist auch nicht einfach nur Pech, wenn Sie sich immer wieder in notorische Fremdgänger oder „Halodris" verlieben. Wird Ihre Leidenschaft häufig von Partnern entflammt, die sich nicht wirklich auf Sie einlassen? Vielleicht von Partnern, die nur eingeschränkt Zeit mit Ihnen verbringen können oder Ihnen bestimmte Bereiche ihres Lebens vorenthalten? Verlieben Sie sich in Partner, die auf irgendeine Art und Weise nicht zu Ihnen passen? Verhindern zu große Unterschiede in Alter oder Kultur eine solide Beziehung, oder stehen geografische Barrieren im Wege? Die Wahl von Partnern, die in irgendeiner Weise, ob emotional oder umstandsbedingt, nicht für Sie zu haben sind, ist eine außerordentlich wirksame Methode, die Entstehung von wirklicher Nähe in einer Beziehung zu vermeiden. Da sich der Anteil zur Vermeidung von Nähe jedoch darauf beschränkt, sich immer wieder in die Falschen zu verlieben, bezeichnen wir diese Rolle (in Anlehnung an Carter und Sokol) als die der passiven Vermeider.

GEFÜHLE UND VERHALTEN DER PASSIVEN VERMEIDUNGSSTRATEGEN

„Es gibt nur eine einzige Art von Liebe, die wirklich zählt, und das ist die unerwiderte Liebe – die bleibt für immer.“

Woody Allen

Menschen mit passivem Vermeidungsverhalten verlieben sich häufig besonders leidenschaftlich. Allerdings mit Vorliebe in Personen, die auf irgendeine Art für sie unerreichbar sind – und es bleiben. Sie verzehren sich beispielsweise nach Partnern, die sich ihnen emotional nie ganz hingeben werden. Kandidaten mit verbindlichem Interesse hingegen haben beim passiven Vermeider bestenfalls die Chance, ein guter Freund oder eine gute Freundin zu werden. Doch warum ist das so? Warum entfachen gerade die unnahbaren Partner bei manchen Menschen so leidenschaftliche Gefühle? Genau wie aktive Vermeider haben auch passive Vermeider unbewusst große Angst vor emotionaler Nähe, da ihre persönlichen Grenzen und das Bedürfnis nach Eigenraum in der Kindheit nicht ausreichend respektiert wurden. Unbewusst fühlen sie sich deshalb so sehr von *unnahbaren* Partnern angezogen, da von solchen Menschen keine erdrückende, überflutende Liebe und somit keine emotionale Vereinnahmung zu befürchten ist. Deshalb gehen passive Vermeider typischerweise Beziehungen ein, in denen Grenzen irgendeiner Art vorhanden sind. Manchmal wohnt der Partner in einer anderen Stadt oder gar in einem anderen Land. Sie schmachten immer dann besonders leidenschaftlich einem Menschen hinterher, wenn ihnen dieser weniger Interesse entgegenbringt als umgekehrt. Verlieren sie ihr Herz an Schürzenjäger oder bereits vergebene Menschen, besteht eine emotionale Grenze. Doch es lassen sich auch noch weitere Gründe zur Erklärung heranziehen. Es ist viel leichter, einen Partner zu idealisieren, der irgendwie „schwer fassbar“ ist. Von geheimnisvollen Menschen fühlen sie sich ganz besonders angezogen. Ein Partner, der „zu haben“ ist, gibt sich zu erkennen und kann daher nicht mehr als Projektionsfläche für die eigenen Wünsche und Erwartungen dienen.

In Beziehungen und als Single haben passive Vermeider eine undankbare Rolle, denn der Wunsch (den sie bewusst empfinden) nach einer glücklichen, festen Beziehung bleibt meistens unerfüllt. Viele passive Vermeider verlieben sich auch heftig in flüchtige Bekanntschaften, aus denen sich nie mehr ergeben hat, so wie beispielsweise Yvonne:

YVONNE: „DIE MÄNNER, IN DIE ICH MICH AM HEFTIGSTEN VERLIEBT HABE, WAREN DIE, DIE ICH NUR FLÜCHTIG KENNENGELERNT HATTE. HINTERHER WAR ICH IMMER ÜBERZEUGT, DASS EINER DIESER KERLE GENAU DER RICHTIGE FÜR MICH GEWESEN WÄRE. MANCHMAL HABE ICH SOGAR NOCH NACH JAHREN AN DIE PERSON GEDACHT. BEI MÄNNERN, DIE ICH WIRKLICH GEDATET HABE, GING MIR DAS SELTSAMERWEISE NIE SO.“

Bindungsängstliche Menschen sind häufig Träumer, die über eine blühende Phantasie verfügen. In den schönsten und rosigsten Farben malen sie sich aus, wie wunderbar eine Beziehung mit Mr. oder Mrs. „Warnichtzuhaben“ hätte sein können. In ihren Träumen haben sie die Möglichkeit, all ihre Wünsche und Vorstellungen in die nicht erreichbare Person hineinzuprojizieren. Dort können sie, was sie in der Realität nicht können: eine verbindliche Beziehung führen, ohne Kompromisse eingehen zu müssen. Bindungsphobiker können hoffnungslose Romantiker sein, die ständig vom idealen Partner träumen, diesem aber in der Realität aus schicksalhaften Gründen nie begegnen bzw. näherkommen. Eine unrealistische Erwartungshaltung kann also als Symptom für Bindungsvermeidungsverhalten verstanden werden.

Auch in einem realen Partner glauben Bindungsängstliche manchmal, all die gewünschten Eigenschaften erkennen zu können, die sie sich von ihrem Phantasiepartner erträumen. Doch dieser herrliche Zustand lässt spätestens dann nach, wenn der potenzielle Partner plötzlich ernsthaftes Interesse an einer verbindlichen Beziehung signalisiert. „Droht" eine solche Situation, werden alle Bindungsphobiker plötzlich überkritisch. Das gilt auch für passive Vermeider, die dann in die Rolle des aktiven Vermeiders geraten. Doch passive Vermeider geraten selten in diese Rolle, verlieben sie sich doch meistens in Partner, die sie immer wieder emotional aushungern lassen, wegstoßen oder verlassen. Wir wissen, wie unendlich qualvoll die

Rolle des passiven Partners sein kann. (Sollten Sie sich in dieser Rolle befinden, können Sie sich unseres Mitgefühls sicher sein!) Durch das ständige Hin und Her ihrer Partner sind passive Vermeider laufend einem Wechselbad der Gefühle ausgesetzt. Einmal werden sie von ihren Partner liebevoll behandelt und ein anderes Mal wieder hängen gelassen, und nie wissen sie genau, woran sie sind. Die ständige kritische Beäugung des Partners rüttelt am Selbstwertgefühl der Betroffenen. Passive Partner warten und hoffen. Sie erleiden Liebeskummer ohne Ende, werden Opfer von Untreue und zuletzt häufig verlassen. Zur Krönung werfen schließlich Selbstzweifel oftmals noch die Frage auf, ob man nicht attraktiv und liebenswert genug war und man deshalb vielleicht den Partner in die Flucht geschlagen hat.

Den meisten passiven Vermeidern fällt es sehr schwer, sich kritisch mit dem eigenen Beziehungsverhalten auseinanderzusetzen, da sie selbst niemandem Herzschmerz und Liebesleid zufügen. Da sie selbst niemandem wehtun, aber ständig vom aktiven Partner verletzt werden, liegt es nahe, die Gesamtverantwortung für die Beziehungsprobleme auf diesen abzuwälzen. Doch wenn der Fokus ausschließlich auf den anderen gerichtet ist, bleibt kaum Zeit, sich den eigenen Anteil anzuschauen. Bei genauerer Betrachtung kann man im Nachhinein jedoch häufig feststellen, dass die Schwierigkeiten mit dem aktiven Partner schon zu einem frühen Zeitpunkt der Beziehung erkennbar waren. Dennoch können und wollen die passiven Partner den Problemen vor lauter Verliebtheit kaum Raum geben. Sie schauen zunächst weg und reden sich alles schön und wollen glauben, dass die unangenehmen Seiten der Beziehung nur ein Produkt ihrer Fantasie sind. Doch indem sie sich selbst beschwichtigen, kommen sie ihrem Teil der Verantwortung, dem fortschreitenden Elend Einhalt zu gebieten, nicht nach. Wenn Sie selbst ein passives Vermeidungsverhalten haben, werden Sie nun vielleicht einwenden, dass Sie nicht *freiwillig* Opfer dieser qualvollen Tortur geworden sind. Das ist natürlich richtig. Unbewusste Bindungsmuster bzw. Ängste haben Sie in diese Beziehung „gelockt" und halten Sie dort möglicherweise noch immer „gefangen". Passive Partner wollen den Menschen, den sie nicht haben können, dennoch haben, wenn auch zu einem hohen Preis. Sie haben häufig das Gefühl, „nicht anders zu können". Es scheint etwas wie eine magische Anziehungskraft von diesen unerreichbaren Partnern auszugehen, und die Anbetung macht das Leben spannend und aufregend. Manche Betroffene vergleichen die Gefühle, die sie haben, mit einer Sucht, einer „Liebessucht“, die immer dann, wenn sie kurzfristig befriedigt wird, große Glücksgefühle auslöst. Nur leider gehen mit einer Sucht auch heftige Entzugserscheinungen einher, die sich dann durch die Gefühle absoluter Ohnmacht und Hilflosigkeit bemerkbar machen. Diese furchtbaren Gefühle können nur dadurch gelindert werden, dass sich die Betroffenen die Droge erneut zuführen, und dann überkommt sie wieder ein berauschendes Gefühl ... Beziehungen, die ein solches Gefühlskino bieten, haben von vornherein eine starke Intensität. Doch Achtung: Verwechslungsgefahr! Viele Menschen nehmen die Intensität eines solchen Gefühlskarussells als Indikator für das Ausmaß ihrer Liebe. Je intensiver die Gefühle, desto wahrer die Liebe, lautet das Credo dieser endlosen Romantiker. Da der Partner ihnen solche großen Gefühle ermöglicht, sind sie der Meinung, sich jemanden ganz Besonderes geangelt zu haben.

Doch was macht die Beziehung zu einem unnahbaren Partner so unglaublich aufregend? Menschen mit Angst vor emotionaler Vereinnahmung (also aktive *und* passive Vermeider) fühlen sich tendenziell von unnahbareren Partnern stärker angezogen als von solchen, die ihnen zu Füßen liegen. Der Grund für die Attraktivität der unnahbaren Partner liegt darin, dass von ihnen keine emotionale Vereinnahmung auszugehen droht. Daher nehmen sie es lieber hin, am ausgestreckten Arm emotional zu verhungern. Letzteres wiederum bewirkt, dass diejenigen, die „am längeren Hebel sitzen", ihre Partner immer wieder einem emotionalen *Kontrollverlust* ausliefern. Ein solcher Kontrollverlust sorgt in unserem Gehirn für eine Amphetamin-ähnliche Hormonausschüttung (ähnlich wie bei einer Achterbahnfahrt). Das Gefühl, das sich daraufhin einstellt, gleicht biochemisch sehr dem Gefühl der Verliebtheit. In ihrem Buch „Jein!" schreibt Stephanie Stahl über dieses Phänomen Folgendes: „Emotionaler Kontrollverlust ist wie ein sexuelles Aphrodisiakum. Daher haben Bindungsängstliche etwas Unwiderstehliches. Wie der Esel, dem die Mohrrübe stets vor die Nase gehalten wird, rennt der Partner immer dem nächsten Leckerhappen hinterher. Die Angst, den anderen zu verlieren, lässt die verliebten Gefühle gewaltig erscheinen."[6]

Doch diese heftigen Verliebtheitsgefühle gehen, sobald der aktive Partner flüchtig wird, mit ebenso starken Verlustängsten einher – bis hin zur Verzweiflung. Der

---

[6] Stahl, Stepanie: Jein!, S. 205.

emotionale Kontrollverlust nimmt dann ein unerträgliches Ausmaß an.

Fortan quälen den passiven Vermeider Gefühle wie Verlustangst, Eifersucht und Ärger über das verwirrende und verletzende Verhalten des Partners. Ununterbrochen kreisen die Gedanken fast ausschließlich um den Partner. Die Betroffenen sind so zerstreut, dass sie den Eindruck haben, gar nicht mehr sie selbst zu sein. Sie sind gedanklich häufig so eingenommen, dass sie sich auf kaum etwas anderes konzentrieren können. Und auch in Gesprächen mit Freunden gibt es nur noch ein Thema. Ausgiebig wird gerätselt, ob der Partner wohl treu ist und wie man für ihn interessant bleiben und die Beziehung wieder ins Lot bringen kann.

Motiviert durch den Wunsch, endlich wieder mehr Kontrolle über die Beziehung zu gewinnen, ziehen die Betroffenen alle möglichen Register. Die Bandbreite der verzweifelten Versuche, wieder Kontrolle zu erlangen, ist schier unermesslich, ein paar davon seien hier beispielsweise aufgeführt:

- Es wird viel Mühe in ein ansprechendes Äußeres gesteckt, um die eigene Attraktivität zu steigern.

- Es wird versucht, sich dem Idealbild anzupassen, wie der Partner einen gern haben möchte oder wie man glaubt, dass der Partner einen gerne hätte.

- Der Partner wird durch kleine Überraschungen, Geschenke und liebevolle Gesten umworben.

- Sonstige eigene Interessen und Hobbys werden vernachlässigt.

- Dem Partner werden Liebesgeständnisse, Zusagen und Perspektiven abgerungen. Die verunsicherten Partner stellen prüfende Fragen wie: „Liebst du mich?“, oder solche, die die Zukunft betreffen: „Wie stellst du dir dein Leben in 20 Jahren vor?“ Auch bei Aussagen wie: „Ich habe Angst, dich zu verlieren“, läuft im Subtext die Frage: „Was hast du dem entgegenzusetzen, um mich zu beruhigen?!“

- Es wird versucht, „den Spieß umzudrehen“, indem dem Partner ebenfalls Unnahbarkeit vorgegaukelt wird.

Obwohl die zuletzt genannte Methode aus unserer Sicht nicht nur ineffektiv, sondern auch sehr gefährlich ist, erfreut sie sich heutzutage immer größerer Beliebtheit. Warum dies so ist, möchten wir Ihnen ausführlich erläutern und widmen diesem Dilemma daher ein eigenes Kapitel:

DIE GEFAHR VON MANIPULATIONSTECHNIKEN

Getrieben von dem verzweifelten Wunsch, die Kontrolle über die Beziehung (und ihr Leben) zurückzuerlangen, begeben sich die Partner der aktiven Vermeider auf die Suche nach Rat und landen dabei häufig im nächsten Buchladen oder im Internet. Aufgrund ihres großen Leidensdrucks sind die Hilfesuchenden natürlich auf der Suche nach einer *schnellen* Lösung für ihr Problem. Und genau diese schnelle Lösung bekommen sie in mannigfaltiger Ausführung in Form von Beziehungsratgebern feilgeboten. Viele solcher Ratgeber versprechen den verzweifelten Lesern, dass sie sich das gewünschte Verhalten des Partners innerhalb von Nullkommanichts „ertricksen“ können, indem sie sich „nur“ etwas verstellen oder an bestimmte Regeln halten. Wohlwissend, dass es sich bei den Ratsuchenden meistens um diejenigen mit dem größten Leidensdruck handelt, nämlich die Partner von aktiven Vermeidern, ist die Lösung genau auf diese Zielgruppe zugeschnitten. In ihren Büchern geben die Autoren den Lesern handfeste „Tricks“ oder „Regeln“ an die Hand, mit denen sie ihre widerspenstigen Partner wieder „handzahm“ machen können. Meistens richten sich solche Ratgeber speziell an entweder Männer oder Frauen und treffen verallgemeinernde Aussagen über das jeweils andere Geschlecht. An die Zielgruppe „Frau, deren Beziehung gerade aus den Fugen geraten ist“ richten sich dann beispielsweise folgende Botschaften: „Das Interesse eines jeden Mannes wird immer dann neu entfacht, wenn eine Frau sich etwas zurückzieht und auch nicht immer erreichbar ist“, oder: „Wenn eine Frau sich weniger für die Beziehung engagiert, erhöht sich der Wunsch des Mannes, sich fester an sie zu binden.“ Dem Hilfesuchenden wird das, was man eine „paradoxe Intervention“ nennt, nahegelegt. Obwohl er sich nach *mehr* Sicherheit und Zuwendung von seinem Partner sehnt, wird er aufgefordert, sich komplett entgegengesetzt zu seiner Gefühlslage zu verhalten und so tun, als würde er sich *weniger* Nähe und Verbindlichkeit wünschen. Im Prinzip lassen sich die Botschaften solcher Ratgeber unter dem Motto „Willst du gelten, mach dich selten“ zusammenfassen. Wenn man sich die Dynamik von bindungsängstlichen Beziehungen vor Augen führt, wundert es natürlich nicht, dass dies zunächst funktioniert und der gewünschte Effekt einsetzt. Wenn der Partner eines aktiven Vermeiders plötzlich weniger klammert und sich stattdessen unnahbarer gibt, schwindet ja auch unmittelbar die Angst des Beziehungsflüchtigen vor Nähe und er wird sich seinem Partner wieder mehr zuwenden.

Motiviert von der Aussicht auf schnelle Abhilfe, fangen die unterlegenen Partner nun an, sich nach allen Regeln der Kunst vor ihren Partnern zu verbiegen, indem sie ein gewisses Desinteresse und Unnahbarkeit vortäuschen. Zum Manipulationsrepertoire gehören beispielsweise folgende Verhaltensweisen: Der passive Partner

- tut so, als ob er an Interesse verloren hätte;
- zieht sich zurück, ist seltener erreichbar, gibt sich geschäftiger;
- tut so, als ob die Zurückweisungen ihn nicht besonders tangieren würden;
- tut so, als ob er selbst keine großen Zukunftserwartungen hätte;

- versucht bewusst, schlagfertig auf die „Giftspritzen“ des aktiven Partners zu reagieren, um selbstbewusster zu wirken;

- investiert plötzlich weniger in die Beziehung.

Zusammenfassend lässt sich festhalten, dass der manipulierende passive Partner so tut, als wäre nun *er* der aktive Vermeider. Aus seiner misslichen Lage und seiner Ohnmacht heraus versucht er bewusst, eine Rollenumkehr zu erwirken, um die Kontrolle zurückzuerlangen. Wie bereits erläutert spielen die Manipulationstricks mit den Anziehungsgesetzen, die für bindungsphobische Partner gelten und da lauten: „Ich liebe den, den ich nicht haben kann.“ Der Manipulierende versucht nun nach dem Motto „Willst du gelten, mach dich selten“ Aufsehen zu erregen, als würde der eigene Wert den Gesetzen des Marktes unterliegen. Selbstverständlich ist damit aber keine *echte* Lösung gewonnen, und aus den folgenden Gründen geht dieser Schuss grundsätzlich nach hinten los:

1. In der Regel gehört zu einem solchen Verbiegen ein echtes Schauspieltalent. Ist man nur

durchschnittlich begabt, lassen sich die echten Gefühle nicht dauerhaft und in jeder Situation überspielen. Der aktive Partner wird den Braten früher oder später riechen, und der manipulierende Partner wird dies als großen Gesichtsverlust empfinden.

2. Noch schlimmer ist es jedoch, wenn es tatsächlich gelingt, den Schein über einen längeren Zeitraum aufrechtzuerhalten. Aufgrund der bindungsängstlichen Anziehungsgesetze kann der passive Partner die gewünschten Gefühle und Verhaltensweisen quasi herbeizaubern. Er hat so das Gefühl, Einfluss auf das Verhalten des aktiven Partners ausüben zu können. Hat er dauerhaft Erfolg mit dem manipulativen Verhalten, fällt es schwer, davon abzulassen, denn dann würde er die Kontrolle unmittelbar wieder verlieren. Wie bei einer Marionette hält der Manipulierende die Beziehungsfäden in der Hand und hat damit die Kontrolle über seinen Partner gewonnen – so glaubt er. Doch an einer solchen Beziehung ist kaum etwas mehr echt. Es ist der hohe Preis der Selbstverleugnung, den man zahlt, wenn man dauerhaft manipuliert. Wer aus Angst vor Zurückweisung permanent mit

> seinen wahren Gefühlen und Wünschen hinter dem Berg hält, lebt ewig hinter einer Maske. Und schlimmer noch: Er wird ewig mit dem Gefühl leben, dass der manipulierte Partner lediglich die Maske liebt und nicht den Menschen, der dahintersteckt. Auf diese Art und Weise wird sich der Manipulierende tiefer und tiefer in der selbstwertvernichtenden Annahme bestätigen: „Um wirklich geliebt zu werden, muss ich mich verstellen. So, wie ich wirklich bin, bin ich nicht liebenswert."

Der Preis der Selbstverleugnung ist vermutlich der höchste Preis, den ein Mensch in seinem Leben zahlen kann. Selbstverleugnung ist Verrat am Kostbarsten, über das man selbst und *nur* man selbst verfügt. Das eigene „Ich", das eigene „Selbst" mit den ureigensten Wünschen, Bedürfnissen und Wesenszügen.

BINDUNGSANGST UND HELFERSYNDROM

Passive Vermeider angeln sich häufig nicht nur aktive Bindungsphobiker, sondern auch mit Vorliebe Partner, die in irgendeiner Art in Probleme verwickelt sind.

LINDA: „ICH HABE MICH WIRKLICH IMMER LEIDENSCHAFTLICH IN PROBLEMATISCHE MÄNNER VERLIEBT. DARUNTER WAREN IMMER WIEDER KERLE MIT DROGENPROBLEMEN UND SCHWEREN PSYCHISCHEN ERKRANKUNGEN. DER LETZTE WAR ZUDEM EIN EHEMALIGER KNACKI, DER NOCH IMMER IN KRIMINELLE MACHENSCHAFTEN VERWICKELT WAR. ICH FINDE ES SELBST FAST UNGLAUBLICH, ABER ICH WAR JEDES MAL DAVON ÜBERZEUGT, DASS ES MEINE BESTIMMUNG WAR, DIESE TYPEN ZU RETTEN, ZU LIEBEN UND VON IHNEN GELIEBT ZU WERDEN."

Sucht man sich einen „problematischen" oder stark bedürftigen Partner, sind Schwierigkeiten in der Beziehung bereits vorprogrammiert. Diese Schwierigkeiten erfüllen gleich zwei Funktionen:

Erstens haben wir bereits festgestellt, dass sich passive Vermeider Partnerschaften suchen, in denen schon ein trennendes Element besteht (wie z. B. eine Ehe, eine emotionale oder geografische Distanz). Schwerwiegende Probleme, wie z. B. Spielsucht, eine psychische Erkrankung oder Drogenkonsum, können ebenso als Barriere zwischen den Partnern fungieren. Große Schwierigkeiten werden beim Betreffenden stets im Mittelpunkt stehen. Da die Schwierigkeiten immer an erster, zweiter, dritter und vierter Stelle stehen, kann der Partner erst an fünfter Stelle kommen und dem Betreffenden dadurch nie wirklich nahekommen.

Doch Bindungsphobiker mit dem Beuteschema „Sorgenkind“ haben ein weiteres unbewusstes Motiv: Sie können sich unentbehrlich machen (oder glauben zumindest, dies zu können), indem sie helfen. Es ist die Suche nach Anerkennung und Liebe, die die Helfer zu ihrer Zuwendung veranlasst. Zusammenfassend könnte man festhalten, der Helfer braucht es, gebraucht zu werden. Ähnlich wie Narzissten können sich Altruisten nicht vorstellen, einfach um ihrer selbst willen geliebt zu werden. Daher versuchen sie, sich nützlich zu machen und für ihren Partner der Fels in der Brandung zu sein. Sie sind allzeit zur Unterstützung bereit; Schulden werden übernommen und Depressionen therapiert. Zu jeder Zeit wird dem Problemkind Verständnis entgegengebracht, stets in der Hoffnung, es würde irgendwann erkennen, wie liebenswert und wertvoll man ist. Früher oder später müssen die Helfer jedoch schmerzlich erfahren, dass solchen Problemkandidaten weder zu helfen ist noch dass sie ihnen die ersehnte Dankbarkeit entgegenbringen.

Vielleicht wird es leichter verständlich, warum passive Vermeider häufig ein solches Beuteschema haben, wenn wir uns vor Augen führen, dass sie sowohl unter Bindungs- als auch unter Trennungsängsten leiden. In der Wahl eines problematischen „Pfleglings“ findet der bindungsängstliche Helfer einen Kompromiss: Indem man einen Partner wählt, dessen Probleme eine funktionierende Beziehung unmöglich machen, schützt man sich vor emotionaler Vereinnahmung. Wenn derjenige einen aber aufgrund seiner Schwierigkeiten sehr braucht, muss man sich weniger darüber sorgen, verlassen zu werden.

DER ROLLENWECHSEL IN BINDUNGSÄNGSTLICHEN BEZIEHUNGEN

Viele Menschen landen immer wieder in ähnlichen Beziehungskonstellationen. Wenn man stets aufs Neue in der gleichen Rolle, also der des aktiven oder des passiven Vermeiders „landet", sagt dies viel über die eigenen Ängste aus. Die meisten Menschen haben ein relativ konstantes Beuteschema, das nicht nur zuverlässig dafür sorgt, dass sie sich „immer in die Falschen" verlieben, sondern auch in ähnliche Typen. Die einen verlieben sich stets in aktive Vermeider, die sie nicht haben können, und schmachten der unerfüllten Liebe hinterher. Die anderen hingegen halten es nie lange in einer Beziehung aus, weil es ihnen ab einem gewissen Punkt immer wieder „zu eng" wird.

Vielleicht haben Sie aber auch während des Lesens gedacht: „Moment mal! Ich habe mich schon in beiden Rollen erlebt! Als ich mit Jens, der mir treu ergeben war, zusammen war, wollte ich mich auch nicht fest binden. Und jetzt, da Nils nichts von mir wissen will, renne ich ihm hinterher!" Dem Phänomen des Rollenwechsels kommen wir in diesem Kapitel auf die Spur. Die meisten Menschen erleben einen solchen Rollen- und somit auch Machtwechsel seltener innerhalb ein- und derselben Beziehung (aber auch dies ist möglich). Häufiger tritt ein solches Phänomen nach einer Trennung und mit dem Einstieg in die unmittelbar darauffolgende Beziehung auf. In unserem folgenden Fallbeispiel von Christine möchten wir anschaulich machen, wie man wechselweise in die Rolle des emotional unabhängigeren Partners und dann wiederum in die unterlegene Rolle geraten kann:

CHRISTINE WAR DREIEINHALB JAHRE MIT MIRKO ZUSAMMEN. DIE BEZIEHUNG VERLIEF IM GROẞEN UND GANZEN SOLIDE. MIRKO WAR EIN ANSTÄNDIGER TYP. ER WAR CHRISTINE EIN VERLÄSSLICHER UND TREUER GEFÄHRTE, DER SIE AUFRICHTIG LIEBTE UND IN EINE GEMEINSAME ZUKUNFT INVESTIERTE. CHRISTINE SCHÄTZTE ALL DIESE QUALITÄTEN AN MIRKO, DENN SIE HATTE EIN GROẞES SICHERHEITSBEDÜRFNIS. DOCH ANDERERSEITS VERMISSTE CHRISTINE DAS ABENTEUERLICH-AUFREGENDE AN DER BEZIEHUNG. SO RICHTIG HINGEZOGEN FÜHLTE SIE SICH ZU MIRKO SCHON LANGE NICHT MEHR. AUCH ERSCHIEN ER IHR IN SEINER

PERSÖNLICHKEIT WENIG ORIGINELL, STATTDESSEN WAR ER EHER EIN SPIEßBÜRGERLICH-KONSERVATIVER TYP. DIESE GEFÜHLE GEGENÜBER MIRKO MANIFESTIERTEN SICH ZUSEHENDS UND VERSTÄRKTEN SICH NOCH, ALS DIE BEIDEN ZUSAMMENZOGEN. CHRISTINE FLÜCHTETE VOR DER HÄUSLICHEN ZWEISAMKEIT UND DER FÜR SIE DAMIT EINHERGEHENDEN LANGEWEILE, INDEM SIE VERMEHRT MIT IHRER FREUNDIN IN DISKOTHEKEN GING. MIRKO HINGEGEN MACHTE SICH NICHTS AUS FEIERN. DIE LEBENSLUSTIGEN, AUFGESCHLOSSENEN MÄNNER, DIE CHRISTINE IN DEN DISCOS KENNENLERNTE, SCHIENEN IHR IRGENDWIE SPANNENDER ALS DIE „COUCH-POTATO", DIE ZUHAUSE AUF SIE WARTEND DAS BETT WÄRMTE. UNTER DEN REGELMÄßIGEN PARTYGÄSTEN WAR AUCH TOM, DER CHRISTINES AUFMERKSAMKEIT BESONDERS ERREGTE. TOM WAR AUßERORDENTLICH ATTRAKTIV, WITZIG, SPORTLICH UND AUFGRUND DIESER ATTRIBUTE EIN ECHTER FRAUENSCHWARM. AUßERDEM REISTE ER GERN, AM LIEBSTEN IN FERNE EXOTISCHE LÄNDER, ALLEIN UND MIT DEM SURFBRETT UNTER DEM ARM. SIE FÜHLTE SICH SEHR ANGEZOGEN VON TOM, DER AUCH HEFTIG MIT IHR FLIRTETE. MIT IHM WÜRDE DAS LEBEN AUFREGEND SEIN, DACHTE CHRISTINE. AUCH TOM WAR CHRISTINE GEGENÜBER NICHT ABGENEIGT UND BEGANN EINE AFFÄRE MIT IHR. FÜR CHRISTINE GAB ES NUN KEINEN ZWEIFEL MEHR, TOM UND SIE WAREN FÜREINANDER BESTIMMT, ER SORGTE DAFÜR, DASS SIE SICH QUICKLEBENDIG FÜHLTE. FOLGLICH MUSSTE SIE SICH VON MIRKO TRENNEN. DER TRENNUNGSSCHMERZ KONNTE SICH GAR NICHT GROß ENTFALTEN. VIEL ZU SEHR WAR CHRISTINE VON DEN LEIDENSCHAFTLICHEN UND GLÜCKLICHEN GEFÜHLEN FÜR TOM ÜBERWÄLTIGT. AUßERDEM WAR SIE AUCH SEHR BESCHÄFTIGT. EINEN GROßTEIL IHRES GELDES UND IHRER ZEIT INVESTIERTE SIE FÜR SCHICKE KLEIDUNG UND MAKE-UP, UM FÜR TOM ATTRAKTIV ZU SEIN. TOM TEILTE ZWAR DIE VERLIEBTEN GEFÜHLE MIT CHRISTINE, ABER NICHT IN DEM MAßE, IN DEM CHRISTINE SIE IHM ENTGEGENBRACHTE. UND JE MEHR CHRISTINE IN DIE BEZIEHUNG

INVESTIERTE, DESTO MEHR WAR TOM AUF ABWEGEN. SCHLIEßLICH BEENDETE ER NACH EINIGER ZEIT DIE BEZIEHUNG ZUGUNSTEN EINES LEBENS IN FREIHEIT.

CHRISTINE WAR ZUTIEFST ENTTÄUSCHT, VERLETZT UND IN IHREM SELBSTWERTGEFÜHL TIEF ERSCHÜTTERT. ALLES HATTE SIE FÜR TOM AUFGEGEBEN. AUCH IHRE BEZIEHUNG ZU MIRKO, DER SIE IMMERHIN AUFRICHTIG GELIEBT HATTE. NUN ÜBERKAM SIE DIE VOLLE PORTION LIEBESKUMMER UND TRENNUNGSSCHMERZ AUFGRUND DER TRENNUNG VON TOM UND VON MIRKO. DIE VERZWEIFLUNG UND DIE EINSAMKEIT WAREN UNERTRÄGLICH.

SO WIE VON TOM WOLLTE SIE NIE WIEDER VERLETZT WERDEN. UND SO SCHWOR SICH CHRISTINE, SICH NIE WIEDER JEMANDEM, DER SO STARKE GEFÜHLE IN IHR AUSLÖSTE, „AUSZULIEFERN".

DEMNACH FIEL IHRE DARAUFFOLGENDE WAHL NUR WENIGE WOCHEN SPÄTER AUF KARSTEN. KARSTEN WAR UNTERDURCHSCHNITTLICH ATTRAKTIV UND WEIß GOTT KEIN FRAUENHELD. ER WÜRDE IHR NICHT SO WEHTUN, WIE TOM ES GETAN HATTE. UND SELBST, WENN DIESE BEZIEHUNG EINMAL SCHEITERN WÜRDE, WÜRDE ES SIE NICHT IN SO TIEFE EMOTIONALE ABGRÜNDE STÜRZEN, WIE ES DIE TRENNUNG VON TOM GETAN HATTE …

Dietmar Stiemerling, der Autor des Buches „Was die Liebe scheitern lässt", würde vermutlich äußern, dass Christine ihre Partnerwahl (im Fall von Tom) nach dem Lustprinzip und (im Fall von Mirko und Karsten) nach dem Sicherheitsprinzip getätigt hat[7]. Zur Sicherheitswahl schreibt Stiemerling Folgendes:

„Der gewählte Partner dient hier in erster Linie dazu, bestehende Ängste zu beschwichtigen oder emotionale Defizite aus der eigenen Vergangenheit aufzufüllen, er hat eine therapeutische Funktion und damit die Aufgabe, sein Liebesobjekt zu stabilisieren und es in die Zone ruhiger Normalität zu führen. Sobald aber die neurotischen Probleme und Mangelzustände besänftigt sind, kann der Beruhigte die Verdienste seines Partners nicht mehr würdigen. Er sieht seinen verbesserten Zustand als etwas Selbstverständliches an. In dem Maße nun, in dem er sich einigermaßen frei fühlt (der andere bietet ihm ja die benötigte Sicherheit), erwachen seine zurückgedämmten Triebwünsche. Nun betrachtet er die in Frage kommenden Partner nach dem Lustprinzip und sehnt sich nach dem Erregenden, den eigentlichen Wonnen des Lebens. Er bedenkt dabei nicht, dass es die Geborgenheit gebende Stabilität seiner jetzigen Beziehung ist, die es ihm überhaupt möglich macht, ‚auf dumme Gedanken zu kommen'. Sie gibt ihm die notwendige Rückendeckung, Dinge zu wagen, die ihm

[7] Stiemerling, Dietmar: Was die Liebe scheitern lässt, S. 63.

sonst nicht möglich wären. Hier trifft das Sprichwort zu ‚Wenn dem Esel zu wohl ist, geht er aufs Eis!'."[8]

Wir stimmen Stiemerling zu. Christine hat ihre Wahl entsprechend teils nach dem Sicherheits- und teils nach dem Lustbedürfnis getätigt. Die Geschichte von Christine zeigt, dass diese Bedürfnisse je nach Lebenssituation ganz unterschiedlich stark ausgeprägt sein können. Christine wählte ihre Partner immer entsprechend des Bedürfnisses, das in der jeweiligen Lebenssituation überwog. Im Zusammenleben mit Mirko fühlte sie sich sicher, aber auch eingeengt. Ihr Bedürfnis nach Autonomie wuchs und ebenfalls ihr Bedürfnis, sich den Wonnen der Leidenschaft hinzugeben. So wählte sie Tom. Mit Tom anstelle von Mirko an ihrer Seite war zwar ihr Autonomiebedürfnis nicht mehr gefährdet, stattdessen aber ihr Sicherheitsbedürfnis. Als sie von Tom verlassen wurde, fühlte sie sich klein, schwach und verletzt. Infolgedessen überwog ihr Sicherheitsbedürfnis vor der Vergnügungslust. Die Angst vor Vereinnahmung wich dem Schmerz über die Verlassenheit, der den Wunsch nach Nähe, Versorgung und Geborgenheit mit sich brachte. Nach der Trennung von Tom rückte also ihr Sicherheitsbedürfnis mehr denn je in den Vordergrund

und veranlasste sie zu einer sicheren Partnerwahl im Fall von Karsten. Ob das Bedürfnis nach Sicherheit oder das nach Autonomie gerade überwiegt, kann im Laufe eines Lebens stark variieren und von der jeweiligen psychischen Verfassung abhängen. Es gibt aber auch Menschen, die in ihrem Leben schon so häufig oder so heftig verletzt oder verlassen wurden, dass sie weitere Verletzungen nicht ertragen können. In diesem Fall, aber auch grundsätzlich gilt, „dass Sicherheit immer vor dem Vergnügen rangiert", wie es Dietmar Stiemerling einmal formuliert hat. Im Übrigen finden wir, dass Stiemerling mit seiner Theorie der „Lustwahl" gar nicht so weit von unserer entfernt liegt. Schließlich gehen wir ja davon aus, dass emotional unerreichbare Partner wie Tom bei bindungsängstlichen Menschen wie Christine Lust und Anziehung bewirken.

Bei den meisten bindungsängstlichen Menschen ebben die Bedürftigkeit und das Streben nach Sicherheit nach einer Enttäuschung jedoch wieder ab, sobald sie erst einmal rehabilitiert sind. Dann erscheint die Nähe zum sicheren Partner wieder erdrückend und selbiger weniger attraktiv. Sind die Trennungsängste erst einmal verflogen, überwiegen wieder die Überflutungsgefühle, woraufhin als nächster Kandidat wieder ein emotional unerreichbarer Partner gesucht wird. Bis man von diesem wieder verletzt oder sitzen gelassen wird und die darauffolgende Wahl wieder nach dem Sicherheitsprinzip getätigt wird und so weiter.

Der Grund, weshalb sich diese Rollenwechsel wie ein Teufelskreis ständig wiederholen, liegt darin begründet, dass wir die eine Angst nicht mehr spüren, sobald die andere stärker vorhanden ist. Überwiegt beispielsweise gerade die Angst vor dem Verlassenwerden, fühlt man die Autonomie nicht mehr bedroht. Und umgekehrt: Liegt einem der Partner zu Füßen, hat man selbstverständlich gerade keine Angst, von ihm verlassen zu werden, fühlt sich aber möglicherweise eingeengt. Der Ausbruch aus diesem Teufelskreis besteht zunächst einmal darin, das eigene Bindungsverhalten auf diese Art reflektieren zu können und die eigenen Beweggründe zu verstehen. Die Gründe für eine Trennung sucht man häufig fälschlicherweise beim Partner, obwohl sie viel mehr in der jeweils eigenen Bedürfnislage zu finden sind. Der nächste Schritt besteht darin, die eigenen Ängste und deren Ursachen besser zu verstehen.

VON WURZELN UND FLÜGELN

„Zwei Dinge sollten Kinder von ihren Eltern bekommen: Wurzeln und Flügel.“

Johann Wolfgang von Goethe

Wurzeln und Flügel – das sind nur zwei Worte, und dennoch beschreiben sie so eindrücklich, was der Mensch benötigt, um gestärkt und glücklich ins Leben zu starten.

Die Wurzeln symbolisieren Bodenständigkeit und die Fähigkeit mit beiden Beinen im Leben zu stehen. Sie verleihen Stärke und sorgen dafür, dass uns auch in schwierigen Zeiten, wenn um uns herum ein schwerer Sturm tobt, nicht der Boden unter den Füßen weggerissen wird. Die Wurzeln stehen aber auch für die Fähigkeit, sich zu binden, an einem Ort bzw. mit einem Partner „Wurzeln zu schlagen“.

Doch wir benötigen, um glücklich zu werden, mehr als Wurzeln, denn was wäre das Leben ohne Höhenflüge? Wir benötigen auch Flügel, um die Leichtigkeit des Seins zu erfahren, um uns in Träumereien verlieren zu können und uns frei wie ein Vogel zu fühlen. Sie geben uns hin und wieder das Gefühl unbegrenzter Möglichkeiten, wenn wir uns über die Erde erheben und der Realität entfliehen, um durch die Lüfte zu tanzen. Die Flügel symbolisieren innere Freiheit und Autonomie.

Damit einem Kind sowohl Flügel als auch Wurzeln wachsen können, ist es unmittelbar wichtig, dass sich die Eltern feinfühlig auf ihr Kind einschwingen. Eine sichere Bindung im Säuglingsalter stärkt nicht nur seine Wurzeln, sondern ist auch die Voraussetzung für die Lust an der Erkundung der Welt des späteren Kleinkindes. Eine sichere Bindung bedeutet emotionale Sicherheit, die wiederum Voraussetzung für Neugier und Forschungsdrang ist.

Ob eine sichere Mutter-Kind-Bindung gelingt, hängt im Wesentlichen davon ab, ob die Mutter in der Lage ist, ausreichend feinfühlig auf ihr Kind einzugehen. Feinfühligkeit ist aber von Überbehütung dadurch zu unterscheiden, dass das Kind in seiner zunehmenden Selbstständigkeit und Kommunikationsfähigkeit nicht eingeschränkt wird. Elementar dabei ist, dass sich die Eltern dabei ganz auf den Rhythmus des Kindes einlassen und *seinen* Impulsen folgen. Von einer feinfühligen Bindungsperson wird die Selbststeuerung ihres Kindes in Bezug auf Nähe und Distanz akzeptiert. Nur dann können ihrem Kind sowohl Wurzeln als auch Flügel wachsen. Wird dieser Rhythmus unterbrochen, führt das beim Kind zu zwei Erfahrungen, die es grundlegend prägen:

1. Wenn die Eltern die Bedürfnisse ihres Kindes nach Schutz, Zuwendung, Trost, Geborgenheit sowie die nach körperlicher und emotionaler Nähe nicht ausreichend beachten, macht das Kind die Erfahrung emotionaler Verlassenheit.

2. Wenn die Eltern das kindliche Bedürfnis nach Selbstständigkeit, Eigensinn und Eigenraum missachten, macht das Kind die Erfahrung emotionaler Vereinnahmung.

Macht das Kind eine dieser Erfahrungen oder auch beide immer wieder oder in einem intensiven Ausmaß, entwickelt es gewisse Grundängste, die bis in sein Erwachsenendasein wirksam sein können. Es kann zu heftigen Trennungs- und Verlassenheitsängsten im einen Fall und zu großen Ängsten vor emotionaler Überflutung und Vereinnahmung im anderen Fall kommen. Bildlich ausgedrückt können diese Erfahrungen das Wachstum der Flügel und Wurzeln beeinträchtigen. Die meisten betroffenen Menschen entwickeln beide Arten dieser Grundängste, wobei dennoch eine Angst stärker als die andere vorhanden sein kann.

Wie Ängste im Einzelnen entstehen können, wie sie den Erwachsenen und seine Beziehungsfähigkeit beeinflussen können, wollen wir in diesem Abschnitt ausführlich beleuchten.

DIE WURZELN

VON DER ENTSTEHUNG EINER SICHEREN BINDUNG

Eine sichere Bindung an die primären Bezugspersonen und deren beständige emotionale Verfügbarkeit setzen den Grundstein für eine gelingende Reifeentwicklung, für Vertrauen in das eigene Selbst und andere Menschen. Diese Bindung stellt beim späteren Erwachsenen die zentrale Voraussetzung für die Entwicklung einer gesunden Beziehung zu sich selbst, seinem Bewusstsein um seiner Gefühle und deren Akzeptanz dar. Rehberger schreibt hierzu: „Das Kind macht die Erfahrung der ausreichenden Nähe zu liebenden Eltern, ihrer Verfügbarkeit, Einfühlungsfähigkeit und Hilfsbereitschaft bei Gefahren und in Angst. Es verfügt über Zuversicht, dass diese Hilfsbereitschaft auch zukünftig verfügbar sein wird. Mit diesem Rückhalt erkundet es die Welt in zunehmender Selbstsicherheit. Sichere Bindung ist Voraussetzung für Vertrauen in den anderen. Die Fähigkeit, bei Kummer, Angst oder Ärger seinen Bezugspersonen die negativen Gefühle zeigen zu können, ist für die Entwicklung einer sicheren Bindung im Kindesalter ganz entscheidend. (...) Eine sichere Bindung bietet die Grundlage für eine sichere Erkundung der Welt des Kindes. Sie begründet Selbstsicherheit. Selbstsicherheit ermöglicht eine altersgemäß gute Entwicklung der geistigen Fähigkeiten und steigert sie zugleich. Beachtung und Achtung des Wissens und Könnens des Kindes bilden den Kern der Selbstachtung."[9]

Da der Säugling für sich allein nicht lebensfähig ist, fällt der Mutter vom ersten Tag die Aufgabe zu, ihrem Kind bei der Regulierung seiner Gefühlslage behilflich zu sein. Sie muss die Bedürfnisse des Kindes erkennen und erfüllen. Dies gilt jedoch nicht nur für physische

---

[9] Rehberger, Rainer: Verlassenheitspanik und Trennungsangst, S. 33, 46.

Bedürfnisse wie Temperatur, Nahrung und Sauberkeit. Es ist auch die Aufgabe der Mutter, ihrem Kind ihre liebevolle Fürsorge und Zugewandtheit zuteilwerden zu lassen. In den ersten Lebenswochen müssen Eltern und Kind sich aufeinander einschwingen. Dabei ist die Entwicklung des Säuglings stark von der Kommunikation mit den Eltern geprägt. Solange das Kind noch nicht sprechen kann, verständigen sich Mutter und Kind nonverbal bzw. handlungsorientiert (durch Lautieren, Kopfzuwendung und -abwendung, Gestik- und Mimik). Ob sich das Kind verstanden fühlt, hängt vom Gelingen dieser Kommunikation ab. Die Mutter muss das Bedürfnis des Kindes zutreffend wahrnehmen und dazu passend handeln. *Passend* reagieren bedeutet in diesem Zusammenhang, dass die Mutter die Bedürfnisse und emotionalen Ausdrucksweisen des Kindes intuitiv richtig deutet, ihm also z. B. bei Hunger zu essen gibt, es bei Traurigkeit tröstet, bei Heiterkeit mit ihm lacht, es bei Angst beruhigt und ihm zum Schlafen verhilft, wenn Müdigkeit besteht. Während die Mutter auf das Kind eingeht, erforscht dieses den Gesichtsausdruck der Mutter. Dadurch lernt das Kind einerseits seine Mutter (mit ihren Emotionen, ihrer Sprache und ihrem Handeln) kennen, andererseits lernt es durch die Spiegelung der eigenen Gefühle durch die Mutter auch sich selbst und seine eigene emotionale und körperliche Verfassung besser kennen. Es lernt Gefühlszustände in sich und anderen zu verstehen, zu unterscheiden und einzuordnen. Sobald das Kind etwas älter ist und ihm der sprachliche Ausdruck zur Verfügung steht, werden emotionale Zustände mit Hilfe der Sprache zwischen Mutter und Kind ausgetauscht. Diese Interaktion kann dann als gelungen betrachtet werden, wenn die Mutter – wie erwähnt – passend zu den Gefühlszuständen des Kindes reagiert. Dies ist beispielsweise der Fall, wenn die Mutter zu ihrem weinenden Kind mit weicher Stimme sagt: „Ohhh, du bist ja ganz traurig." Dadurch lernt das Kind, dass das, was es da in sich fühlt, *traurig* heißt, es entwickelt also ein wortsprachliches Verständnis für seine seelischen Vorgänge. Ein wütendes Kind würde eine feinfühlige Mutter z. B. mit verständnisvoller Stimme fragen, warum es denn *wütend* ist. Solche positiven Spiegelerfahrungen begründen die Voraussetzung für die Fähigkeit des späteren Erwachsenen zur Selbstreflexion, einem Selbstverständnis oder auch Selbstbewusstsein. Dadurch, dass die Mutter ihrem Kind zeigt, dass es ihr Inneres erkannt hat, lernt das Kind sein Inneres zunehmend selbst kennen, verstehen und akzeptieren. Man könnte es auch so ausdrücken: Es lernt sich selbst kennen. Die mütterliche Akzeptanz sämtlicher Gefühlszustände des Kindes führt dazu, dass die „gesamte Gefühlspalette“ in die Persönlichkeit integriert, also vom späteren Erwachsenen wahrgenommen, akzeptiert und reguliert werden kann. Wenn jemand in der Kindheit nicht in ausreichendem Maße die Erfahrung gemacht hat, von einem anderen Menschen verstanden worden zu sein, wird ihm später als Erwachsenem nicht nur das Verstehen von eigenen Emotionen, sondern auch das Sicheinfühlen in andere erschwert sein.

Beim Spiegeln der Gefühle ist es jedoch wichtig, dass die Mutter die Gefühle ihres Kindes nicht eins zu eins spiegelt, das heißt, nicht in der gleichen emotionalen Heftigkeit reagiert, sondern ihre mütterliche, „beruhigende Note“ hinzufügt. Das Hinzufügen der beruhigenden Stimme beinhaltet die Botschaft, dass der Anlass des Weinens doch nicht so schlimm ist, wie das Kind es vielleicht angenommen hat, und überwunden werden kann. Wenn das Kind bei seiner Bindungsperson eine Reaktion ausgelöst hat, die ihm signalisiert, dass es verstanden wird, geht es dem Kind bereits viel besser. Es macht erste positive Erfahrungen, nämlich die Erfahrung, verstanden und nicht mehr allein mit dem Gefühl zu sein, wenn es andere an seinem inneren

Erleben teilhaben lässt. Die Gefühlsspiegelung bietet somit für den späteren Erwachsenen die Basis, selbstwirksam zu sein, über Gefühle sprechen zu können und auf die Gestaltung von zwischenmenschlichen Beziehungen positiv Einfluss nehmen zu können. Mit Hilfe solcher Spiegelerfahrungen macht das Kind nicht nur Erfahrungen über sein Gegenüber, sondern – viel wichtiger – es entwickelt auch eine Vorstellung über die eigene Liebesfähigkeit und Kompetenz. Werden solche gelingenden spiegelnden Erfahrungen immer wieder und über einen langen Zeitraum gemacht, so werden sie vom Kind verinnerlicht. Es fühlt sich willkommen und angenommen. Später, als erwachsener Mensch, kann es die beruhigende mütterliche Funktion zu seiner eigenen werden lassen. Diese Erfahrungen bilden die Voraussetzung für eine gute Selbstsorge und Stressverarbeitung des späteren Erwachsenen: Wer eine einfühlsame, verständnisvolle und akzeptierende Mutter hatte, kann sich später selbst „eine gute Mutter sein" und verständnisvoll und wertschätzend mit den inneren Regungen umgehen. Die Spiegelfunktion der Eltern ist somit eine sehr wichtige Voraussetzung für die Entwicklung eines stabilen Selbst.

Dieser Mutter-Kind-Austausch misslingt dann, wenn die Mutter für bestimmte innere Zustände ihres Kindes nicht ausreichend sensibel ist und ihre Reaktionen überwiegend oder kontinuierlich nicht zur emotionalen Verfassung des Kindes passen. Dies kann bei beständiger Wiederholung zu einem Defizit in der Selbstwahrnehmung bestimmter Gefühlszustände des Kindes und des späteren Erwachsenen führen. Ein Beispiel für eine misslungene Affektspiegelung wäre, wenn diese Mutter abweisend zu ihrem Kind sagen würde: „Du bist ein *böses* Kind.“ Oder: „Sei nicht so aufmüpfig“, anstatt es ruhig und gelassen zu fragen, warum es denn wütend ist. Das Kind wird den Gefühlszustand „wütend“ als nicht teilbar erleben, sondern macht die Erfahrung, für dieses Gefühl gestraft zu werden. Macht ein Kind häufige oder intensive Erfahrungen damit, dass eine strafende Reaktion auf ein bestimmtes Gefühl folgt, wird es dieses Gefühl abwehren und ins Unterbewusstsein verdrängen. Diese Verdrängung, die im Dienste des Selbstschutzes geschieht, führt beim späteren Erwachsenen zu einem Defizit in der Selbstwahrnehmung für bestimmte innere Zustände.

Auf diese Art und Weise entstehen Störungen und unbewusste Konflikte, die im Leben des Betroffenen weiterhin wirksam sein können. Eine Grundannahme der Bindungstheorie ist, dass nicht nur die spätere

Beziehungsfähigkeit, sondern auch die Entwicklung der psychischen Gesundheit stark dadurch beeinflusst werden, welche Bindungserfahrungen in der frühen Kindheit gemacht wurden. Denn die Erfahrungen, die das Kind mit der Mutter im ersten Lebensjahr macht, werden als unbewusste Beziehungserfahrung in einem „Gefühlsgedächtnis“ verinnerlicht und prägen es für sein Leben lang ungemein.

Klöpper sieht in dem Misslingen eines verständnisvollen Mutter-Kind-Austausches die Ursachen für die Entstehung von Narzissmus. Er schreibt:

„Sein >sich-selbst-nicht-Kennen< ist es, was das Wesen des Narkissos nach dem Mythos auszeichnete. Wollte man versuchen, seine Psychodynamik zu verstehen, so müsste man annehmen, dass sein >sich-selbst-nicht-Kennen< ihn unbewusst furchtbar gequält haben muss. So würde jedenfalls verständlich, dass Narkissos froh und glücklich war, als er sich in der klaren Quelle erkannte. Endlich hatte er gefunden, wonach er so lange gesucht hatte, ein Bild von sich selbst. Freilich hatte er unbewusst gesucht und nur vermeintlich gefunden: Ihm war der Blick auf sich selbst freigegeben, allerdings nur auf das, was er für sich selbst *hielt,* sein optisches Spiegelbild. Die Dimension dessen, was er unbewusst gesucht hatte, das Gewahr-werden seiner selbst, musste er verfehlen. Diese Unentrinnbarkeit seiner inneren Leere ließ jene suizidale Depressivität entstehen, der er schließlich erlag. Die innere Leere, der Ausdruck des >sich-selbst-nicht-Kennens<, kennzeichnet den *>primären Narzissmus<,* verstanden als Selbstzustand eines Säuglings, der am Anfang seiner Entwicklung stehend vor die Aufgabe gestellt ist, sich im kontinuierlichen Austausch mit den Pflegepersonen selbst zu entdecken."[10]

WARUM ES MANCHEN ELTERN NICHT GELINGT, SICH FEINFÜHLIG AUF DIE BEDÜRFNISSE IHRER KINDER EINZUSTELLEN

Für Eltern, die selbst unter Depressionen oder anderen neurotischen Beeinträchtigungen leiden, stellt die Begegnung mit den Bedürfnissen ihrer Kinder eine mehr oder weniger große Überforderung dar. Zumeist haben sie in der Kindheit selbst unter physischer oder psychischer Misshandlung ihrer eigenen Eltern gelitten. Durch die Bedürftigkeit ihrer eigenen Kinder droht jetzt

[10] Klöpper, Michael: Reifung und Konflikt, S. 180 ff.

die Bewusstwerdung von erinnertem Leid und Schmerz aus der eigenen Kindheit. Infolgedessen reagieren sie nun mit Hilflosigkeit, Unberührtheit, Wut oder starken Ablehnungsgefühlen auf bestimmte Verhaltensweisen ihrer Kinder. Bei Eltern mit eigenen Trauma-Erfahrungen ist die Feinfühligkeit gegenüber ihren Kindern auch deshalb beeinträchtigt, weil sie aufgrund ihrer eigenen neurotischen Konflikte oder Depressionen so sehr mit ihren eigenen Bedürfnissen beschäftigt sind, dass es ihnen schwerfällt, sich ganz auf ihr Kind einzustellen. Die Aufmerksamkeit von ängstlichen oder depressiven Müttern ist überwiegend auf sich selbst gerichtet und kann daher nicht den Kindern zur Verfügung gestellt werden. Ist das Kind beispielsweise wütend, fällt es einer Mutter, die selbst in ihre Ängste verstrickt ist, schwer, gelassen darauf zu reagieren. Sie fühlt sich möglicherweise von ihrem Kind zurückgestoßen, was sie kränkt, oder einfach nur überfordert und verunsichert. Vielleicht hat sie in ihrer Kindheit gelernt, dass „wütend sein" gleichbedeutend ist mit „ungezogen sein", und versucht nun den Ausdruck dieses Gefühls bei ihrem Kind zu unterbinden.

Ängste und Bindungsstile haben häufig in der Familie „Tradition" und werden, natürlich unbewusst, mit einer hohen Wahrscheinlichkeit über Generationen von den

Eltern an die Kinder weitergegeben. Klöpper schreibt: „Die Mutter-Großeltern-Beziehung wiederholt sich in der Mutter-Kind-Beziehung mit einer Wahrscheinlichkeit von 75 %. Die Vater-Großeltern-Beziehung wiederholt sich in der Beziehung des Kindes zum Vater mit einer Wahrscheinlichkeit von 65 % (Köhler 1997)."[11] Bei emotional überforderten Müttern überträgt sich die eigene emotionale Anspannung, die z. B. durch das Schreien des Kindes noch verstärkt wird, auf das Kind. Sie können nicht fürsorglich auf ihr Baby eingehen, sondern reagieren womöglich gereizt, gestresst und ablehnend, obwohl ihr Kind Trost benötigt. Das Kind seinerseits reagiert auf die Abwesenheit elterlicher Wärme beispielsweise mit Fütterungs- oder Schlafstörungen oder wird zum Schrei-Baby. Die Eltern wiederum sind aufgrund solchen Verhaltens (verständlicherweise) verunsichert und frustriert. Hierzu schreibt Gerd Rudolf: „Das Kind verweigert ihnen gewissermaßen die Bestätigung, dass sie gute Eltern sind, es lässt sie verzweifeln und nicht selten auch wütend-ärgerlich reagieren, wodurch die Beziehungsstörung noch weiter eskaliert."[12]

---

[11] Ebd. S. 50.

[12] Rudolf, Gerd: Strukturbezogene Psychotherapie, S. 11.

DIE ENTSTEHUNG VON TRENNUNGSÄNGSTEN DES ERWACHSENEN

Macht ein Säugling die Erfahrung von Verlassenheit durch seine Eltern, kann dies in ihm überwältigende Gefühle von Ohnmacht, Schmerz und Todesangst auslösen, was daraus resultiert, dass Babys noch keine sichere Vorstellung davon haben, dass die schmerzliche Trennung von ihren Eltern nach einer gewissen Zeit wieder vorbei sein wird. Wurden derartige Erfahrungen in der frühen Kindheit häufig oder besonders intensiv gemacht, wird die betroffene Person im weiteren Verlauf ihres Lebens äußerst empfindlich auf Trennungen und Verlassenheit jeglicher Art reagieren. Nun ist es jedoch so, dass sich Menschen an die Ereignisse der ersten 3 Lebensjahre nicht mehr erinnern können, da sie der frühkindlichen Amnesie unterliegen. Dem späteren Erwachsenen fehlen die entsprechenden Bilder und Worte in der Erinnerung. Was im Unbewussten jedoch bleibt, sind eindrucksvolle und intensive Gefühlserinnerungen, die in ähnlichen Situationen des späteren Lebens wachgerufen werden können. Große Trennungsangst oder Verlassenheitspanik beim Kind in Bezug auf die Mutter und später (beim Erwachsenen) in Bezug auf den Partner können die Folge sein.

Dietmar Stiemerling schreibt hierzu:

„Die Furcht, ein einmal gewonnenes Liebesobjekt wieder zu verlieren, ist weit verbreitet. Die Trennung vom Partner wird nämlich häufig als Katastrophe phantasiert, weil sie den Betroffenen in die unerträgliche Situation des Verlassenseins hineinwirft. Irgendwie ist damit die Drohung des Sterbenmüssens verknüpft: als ob es ohne den anderen kein Weiterleben gäbe. In der Regel haben Menschen mit übermäßiger Trennungsangst entsprechende Erfahrungen in der frühen Kindheit gemacht, sind tatsächlich verlassen worden oder waren Traumata ausgesetzt, die durch die Abwesenheit der Mutter hervorgerufen wurden. Ein Zusammenbruch des Stoffwechselgleichgewichts des Säuglings in Folge Hungers, dass heißt Unterzuckerung, weil die Mutter nicht da ist und diesen prekären Zustand nicht beseitigt, erzeugt beim Kind Hilflosigkeit, Todesängste, ein Schwinden von Selbst und Umwelt und die Drohung, dass sich dieser grauenvolle Zustand in Richtung ‚Schock' noch weiter verschärfen könnte."[13]

---

[13] Stiemerling, Dietmar: Was die Liebe scheitern lässt, S. 236.

Aufgrund der Unmöglichkeit, diese aufkommenden Ängste einer früheren Situation zuzuordnen, nimmt der betroffene Mensch zwangsläufig (aber irrtümlicherweise!) an, dass die *auslösende Situation* (beispielsweise die Trennung vom Partner) die *Ursache* für die heftigen Gefühle sei. Panik, Ohnmacht und Depression kommen in einer solchen Situation wieder hoch, und zwar in einer solchen Intensität, dass sie der gegenwärtigen Situation nicht mehr angemessen scheinen. Wenn der Verzweiflungszustand ein solches Ausmaß erreicht, dass er zur aktuellen Gegenwart nicht passt, ist dies in der Regel auf frühkindliche Erfahrungen zurückzuführen, in der die Gefühle von Verlassenheit noch eben diesen Katastrophen-Charakter hatten. Da die Gefühle der Situation in ihrer Heftigkeit (denn diese entspricht der ursprünglich erlebten Hilflosigkeit der frühkindlichen Traumasituation) nicht angemessen erscheinen, reagieren Angehörige oder Bekannte verständnislos und ablehnend auf den Betroffenen. Da der Betroffene selbst ebenfalls keine Erklärung für seine Verzweiflung hat, lässt ihn dies nur noch weiter verzagen, und im schlimmsten Fall verliert er seine Selbstachtung.

WENN FLÜGEL ANFANGEN ZU WACHSEN – VON DER NOTWENDIGKEIT EINER GELINGENDEN AUTONOMIEENTWICKLUNG

Während der Säugling noch vollständig abhängig ist, findet im Kleinkindalter, also etwa ab dem 2. Lebensjahr, ein Übergang zur *relativen* Abhängigkeit statt. Das Kind ist zwar weiterhin stark darauf angewiesen, von den Eltern versorgt, geliebt und geachtet zu werden, beginnt aber zunehmend mit der Verselbstständigung. Diese Autonomieentwicklung geschieht mit Hilfe des angeborenen Neugier- und Erkundungsverhaltens. Die Autonomieentwicklung kann auch als Gegenspieler zum Bindungsverhalten verstanden werden und geschieht in enger Wechselwirkung mit ihr.

Damit das Kind Selbstsicherheit und Selbstständigkeit entwickeln kann, ist es von immenser Bedeutung, dass die Initiative zur Eigenständigkeit und Aktivität von den Eltern bejaht und gefördert wird. Natürlich benötigt das Kind auch immer noch die elterliche Fürsorge. Feinfühlige Eltern gewähren dem Kind beides. Sie lassen es die Welt erkunden, aber bei Bedarf kann das Kind aber auch wieder Zuflucht im Schoß der Familie suchen, wo es mit seinen Schutz- und Sicherheitsbedürfnissen willkommen ist und die gewünschte Geborgenheit erhält. Gelingt die Erfüllung dieser Aufgabe, so ist der Grundstein für Individuation und Separation aus der Mutter-Kind-Symbiose gelegt. Kinder, deren Bedürfnisse nach Fürsorge *und* Unabhängigkeit ausreichend anerkannt werden, machen die Erfahrung, dass beide Bedürfnisse nebeneinander bestehen dürfen. Sie haben genügend Sicherheit, um zur Umwelteroberung aufzubrechen, und können sich bei Bedarf der Mutter wieder annähern und sich ihrer als Spenderin von Trost, Wärme und liebevoller Zugewandtheit sicher sein. Es gibt kein „Entweder-oder", sondern ein „Sowohl-als-auch". Keines der Bedürfnisse muss zugunsten des anderen geopfert werden, ein Urvertrauen in sich, die eigenen Fähigkeiten und andere Menschen kann entstehen.

Das Misslingen der adäquaten Lösung dieser zentralen Aufgabe kann verheerende Folgen haben. Mentzos schreibt: „Wird die Autonomie zugunsten der Abhängigkeit suspendiert, resultiert daraus oft eine Unterdrückung des eigenen Selbst und seiner Entwicklungsmöglichkeiten zugunsten pathologischer Bedürfnisse der Eltern."[14]

---

[14] Mentzos, Stavros: Neurotische Konfliktverarbeitung, S. 124 ff.

Bindung ist für das noch abhängige Kind ein unverzichtbares Bedürfnis. Kinder, die häufig das Gefühl von Unerwünschtheit und Verlassenheit erfahren, werden in ihren frühen Bindungserfahrungen enttäuscht. Das Kind ist jedoch so existentiell von seinen Eltern abhängig, dass es in jedem Fall eine Bindung eingehen muss. Dass gilt auch dann, wenn die eigenen Eltern sich dem Kind gegenüber bedrohlich oder missbräuchlich verhalten. Wendet sich das Kind mit seinem Schutz- oder Geborgenheitsbedürfnis an ein Elternteil, von dem eine Gefahr ausgeht, gerät es in eine paradoxe Lage. Rehberger schreibt hierzu: „Bisherige Forschungen bestätigen die Erfahrung, dass Kinder, die von den eigenen Eltern misshandelt werden, oft stärkere Trennungsängste erleben als Kinder, die unter guten Umständen aufwachsen. Die Gründe liegen in der Verstärkung der Trennungsangst durch Gewalt- und Schmerzerfahrungen allgemein.“[15] Dies gilt auch dann noch, wenn die Gewalt von den Eltern selbst ausgeht. Aus diesem Grund haben unsicher gebundene Kinder meistens starke Trennungsängste. Sie vertrauen

[15] Rehberger, Rainer: Verlassenheitspanik und Trennungsangst, S. 201.

aufgrund ihrer Vorerfahrungen nicht auf die uneingeschränkte Verfügbarkeit sicherer Nähe und liebevoller Zugewandtheit ihrer Eltern. Daher hängen sie „am Rockzipfel“ ihrer Mutter und lassen sie nur ungern aus den Augen. Sie fühlen sich nur in der Gegenwart ihrer Mutter sicher. In Situationen, in denen sie von der Mutter getrennt sind, können sie sich beispielsweise nur schwer auf das Spielen mit anderen Kindern einlassen. Sie neigen stark zu Fremdeln und Heimweh. Allein schon deshalb ist ihnen die Hinwendung zur Welt erschwert.

EINGRIFFE IN DIE AUTONOMIEENTWICKLUNG UND IHRE FOLGEN

Besitzergreifende Liebe

Für viele Eltern ist es nicht leicht, ihre heranwachsenden Kinder in die Selbstständigkeit zu entlassen. In vermeintlich bester Absicht versuchen sie, die Kontrolle über ihre Kinder aufrechtzuerhalten. Ein solches Verhalten ist insbesondere bei ängstlich-depressiven Müttern vorzufinden, die selbst starke Trennungsängste haben und die zunehmende Unabhängigkeit ihres Sprösslings nicht ertragen können. Diese Mütter überbehüten ihre Kinder und greifen damit hemmend in die Autonomieentwicklung ein. Klöpper schreibt:

„Beziehungsüberbewertende Mütter sind in ihre eigene problematische Kindheitsgeschichte verstrickt. Idealisierung, Wut und Abhängigkeit bestehen weiterhin gegenüber ihren eigenen Eltern. Sie hatten meist ängstliche, schwache und inkompetente Mütter, die keinen Schutz bieten konnten. Vielmehr brauchten die Mütter der Mütter ihrerseits den Schutz und die Bemutterung des Kindes zur Aufrechterhaltung des eigenen (...) Gleichgewichts. Das Verhalten dieser Mütter ist mehr am eigenen Gefühlszustand orientiert als an dem des Kindes. Ihre einfühlsamsten Momente haben solche Mütter, wenn das Kind von Angst erfüllt ist. (...) In ihrem Erkundungsverhalten und in der Eigeninitiative werden die Kinder entmutigt. Bravheit, Anpassung und Einstellung auf die Eltern wird belohnt, während das umgekehrte Verhalten mit Schuldgefühlen assoziiert ist.“[16]

Solche „beziehungsüberbewertenden“ Mütter wollen unbewusst die zunehmende Eigenständigkeit ihrer Sprösslinge unter-„binden“, da sie sich diese enge

---

[16] Klöpper, Michael: Reifung und Konflikt, S. 52, 53.

Bindung der Mutter-Kind-Symbiose für ihre eigene Identität, Sicherheit und Geborgenheit wünschen. Solche unsicheren Mütter möchten, dass ihre eigenen unerfüllten Sehnsüchte nach Liebe und Nähe von ihrem Kind erfüllt werden. Die Verhinderung der Eigenständigkeit des Kindes sichert ihnen die enge Bindung an sie selbst. Doch wenn die Mutter ihr Kind übermäßig an sich bindet, gewährt sie keinen ausreichenden Spielraum für dessen Bedürfnis nach Erkundung und Selbstständigkeit. Auf diese Weise frustriert sie ihr Kind nicht nur, sondern verhindert eine erfolgreiche Autonomieentwicklung, für die das Kind Bestätigung und Unterstützung in *seinen* Impulsen benötigt. Eine feinfühlige, psychisch gesunde Mutter gewährt ihrem Sprössling die Initiative und Steuerung von Annäherungs- und Erkundungsverhalten. Sie kann emotionale Grenzen ihres Kindes besser aushalten, da sie weniger ängstlich und bedürftig ist.

Natürlich benötigt das Kind auch während der Autonomieentwicklung weiterhin Zuwendung, Liebe und Geborgenheit. Für seine gesunde Entwicklung ist es jedoch notwendig, dass dabei *seinen eigenen* Impulsen nach körperlicher und emotionaler Nähe gefolgt wird und diese nicht von außen kommen. Wenn Eltern ihre eigenen Bedürfnisse nach Zuwendung vom Kind erfüllt haben möchten, wird das Kind gewissermaßen emotional überflutet. Derartige emotionale Überflutungen sind für das Kind kleine Grenzüberschreitungen. Sexuelle Übergriffe beispielsweise oder körperliche Gewalt sind extreme Formen einer emotionalen Grenzüberschreitung. In der Regel verläuft sie jedoch viel subtiler und häufig völlig unbemerkt.

Kinder spüren instinktiv, welches Verhalten erwünscht und welches unerwünscht ist. Sie fahren ihre Fühler in die Erwachsenenwelt aus, um zu erfahren, welches Verhalten notwendig ist, um die liebevolle Zugewandtheit der Mutter sicherzustellen. Umgekehrt erspüren sie auch, welche Impulse sie unterdrücken müssen, um Strafen, Schimpfen oder Unzufriedenheiten der Eltern zu vermeiden. Solche Kinder lernen, dass eigene Impulse nicht zählen. Da die Rollenverteilung in solchen Verhältnissen umgekehrt ist, spricht man auch von Parentifizierung, also „Ver-Elterung“ der Kinder. Nicht die Eltern passen sich den Impulsen des Kindes an, sondern umgekehrt – das Kind passt sich den Impulsen der Eltern an. Ein kleines Kind soll jedoch nicht seinen Eltern *geben* müssen, denn das Bedürfnis und die Fähigkeit zum Geben gehören in spätere Lebensphasen. Wenn die Mutter dieses Geben sowie Bravheit,

Anpassung und die Einstellung des Kindes auf sie selbst jedoch ständig belohnt und auf umgekehrtes Verhalten ablehnend reagiert, bleibt dem Kind nichts anderes übrig, als sich den elterlichen Wünschen anzupassen. Diese Kinder werden nicht nur darauf getrimmt, selbst möglichst keine Umstände zu machen, sondern auch darauf, ihre Eltern durch ihre kindliche Fürsorge zu stützen. Eigene Strebungen sind hingegen mit Schuldgefühlen assoziiert.

SELBSTWERTEMPFINDEN

Um Selbstliebe entwickeln zu können, benötigt ein Kind die uneingeschränkte Liebe seiner Eltern und die Gewissheit, so, wie es ist, erwünscht zu sein und geliebt zu werden. Wenn das Kind spürt, dass es mit all seinen Strebungen willkommen ist und seine Eltern so, wie es ist, mit Glück und Stolz erfüllt, wird es nicht an seiner Liebenswürdigkeit zweifeln. Elternliebe in der frühen Kindheit ist durch nichts ersetzbar. Sie bereitet die Basis für emotionale Gesundheit und für die Selbstliebe, die der spätere Erwachsene für sich empfindet. Was die Seele kleiner Kinder in den ersten Lebensjahren verankert, prägt sie lebenslang ungemein. Dass Eltern ihren Kindern vorbehaltlose Liebe schenken können, ist jedoch nicht selbstverständlich. Viele Eltern tragen selbst narzisstische Wunden in sich, die sie an der Entwicklung einer gesunden Selbstliebe hindern. Wenn die Beziehung der Eltern zu sich selbst gestört ist, wird es ihnen auch nicht leichtfallen, ihre Kinder vorbehaltslos zu lieben.

Vorbehaltslose Liebe schenken heißt nicht, dass die Eltern „perfekt" sein müssen und zu allem Ja sagen sollen, was das Kind tut und will, sondern vielmehr, dass die Liebe der Eltern gegenüber ihrem Kind nicht an Bedingungen geknüpft ist. Wenn Eltern mit Ablehnung reagieren, wenn das Kind nicht ihren Erwartungen entspricht, befürchtet das Kind, der Liebe der Eltern nicht würdig zu sein. Ihm fehlen der nötige Abstand und die Reife, ein solches Verhalten der Eltern kritisch zu betrachten, denn im kindlichen Erleben sind die Eltern perfekte Menschen, die alles richtig machen. Entziehen die Eltern dem Kind ihre Liebe und Wertschätzung, wird es daher den Fehler bei sich suchen und an seiner Liebenswürdigkeit zweifeln. Solche Abwertungen verlaufen zumeist sehr subtil und kaum wahrnehmbar. Sie haben aber dennoch eine immense Wirkung auf ein kleines Kind, das noch ganz auf die Mutter fixiert ist. Das

Kind verinnerlicht das Bild, das die Eltern von ihm haben, und lässt es zu seinem eigenen Selbstbild werden.

In dem Maße, in dem das Gefühl verankert wurde, erwünscht und „in Ordnung“ zu sein, wird das eigene Selbstwertgefühl geprägt. Zurückweisungen und Kränkungen hingegen wirken sich nachhaltig schädigend auf das Selbstwertempfinden aus und damit beispielsweise auch auf die Fähigkeit, mit Kränkungen umzugehen. Je mehr Wunden in der Kindheit entstehen, desto mehr wunde Punkte wird es beim späteren Erwachsenen geben.

Erwartungshaltungen

Es kann auch als eine Art der Vereinnahmung verstanden werden, wenn Eltern übermäßige Leistungsanforderungen an ihre Kinder stellen: Vielen Eltern mit narzisstischen Wunden ist es beispielsweise wichtig, dass ihre Kinder besonders gut „vorzeigbar“ sind. Mit ihren Vorzeigekindern möchten sich die Eltern selbst „aufwerten“. Der Blick solcher Eltern ist nicht wohlwollend und interessiert auf die Persönlichkeit ihrer Kinder gerichtet. Sie betrachten sie vielmehr als einen Teil ihrer selbst. Dementsprechend werden diese Kinder regelrecht nach den Vorstellungen der Eltern „geformt". Je nach Elternhaus sind die Vorstellungen, von dem, „was sich schickt" und was nicht, ganz unterschiedlich, das Motiv ist jedoch immer dasselbe: Die stets anständigen, wohlerzogenen, jederzeit hilfsbereiten, höflichen, braven, adretten und erfolgreichen Kinder dienen als Schmuckstück der Eltern. Jede Strebung des Kindes, von den Vorstellungen und Erwartungen abzuweichen, wird als persönliche Kränkung oder Gefährdung der gesellschaftlichen Anerkennung erlebt.

Die Eltern reagieren hierauf zurückweisend oder gar strafend, während die Leistungserfüllung mit Liebe und Anerkennung belohnt wird. Letzteres führt dazu, dass der spätere Erwachsene Liebe als Taktik empfindet, um ihn zu manipulieren.

Die Folgen der Überforderung in der Kindheit, „perfekt" sein zu müssen, sind ein schwaches Selbstbild, unsichere Grenzen und ein geringes Selbstwertgefühl, häufig ebenso von narzisstischer Abwehr begleitet. Das Kind kann unter solchen Umständen weder Mut zur eigenen Identität noch ein reifes Werte- und Normenempfinden entwickeln. Weiterhin kann eine derartige Erziehung das kindliche Glücksempfinden stark beeinträchtigen. Heinz Peter Röhr schreibt: „Eine Erziehung, die nur

Äußerlichkeiten, gesellschaftlichen Regeln, dem Ansehen und Leistungsdenken verpflichtet ist, wird das kindliche Glück bereits früh durch Lieblosigkeit zerstören. Viel zu viele Kinder werden so um eine unbeschwerte Kindheit betrogen und leiden als Erwachsene unter diesem Mangel."[17]

Menschen, die in ihrer Kindheit auf diese Art stark vereinnahmt wurden, entwickeln ebenfalls keinen gesunden Umgang mit Erwartungshaltungen. Da ihnen immer sehr viel abverlangt und viel von ihnen erwartet wurde, gehen sie auch als spätere Erwachsene ständig davon aus, dass andere ebenso alles Mögliche von ihnen erwarten. Um diesem Dilemma zu entgehen, entwickeln die Kinder einen Selbstschutz. Dabei handelt es sich nicht stereotyp stets um die gleiche Strategie; Selbstschutzstrategien sind so unterschiedlich, wie die Menschen verschieden sind. Wir möchten Ihnen an dieser Stelle die beiden häufigsten resultierenden Anpassungsstrategien vorstellen, die ihrerseits wiederum zu Missverständnissen, Kommunikationsschwierigkeiten und Enttäuschungen in der Paarbeziehung führen können. Diese unbewussten, neurotischen Anpassungsstrategien zeichnen sich

[17] Röhr, Heinz-Peter: Vom Glück sich selbst zu lieben, S. 27.

dadurch aus, dass kein angemessener Umgang entstehen kann. Das gilt für *eigene Erwartungen*, von denen es meistens schwerfällt, sie klar und deutlich zu kommunizieren, wie auch für den Umgang mit *Erwartungen anderer Menschen*. Zumeist entwickeln die betroffenen Menschen eine Empfindlichkeit ins eine Extrem (Überanpassung) oder ins andere Extrem (Protesthaltung). Oder auch in beide gleichzeitig („Versteckte Auflehnung“).

Überanpassung

In der Regel verinnerlichen wir die Werte und Stimmen unserer Eltern und lassen sie später zu unseren eigenen werden. Wir lernen, wodurch wir uns die gewünschte Anerkennung und Liebe unserer Eltern sichern können, und verhalten uns entsprechend. Dieses Verhaltensmuster verinnerlichen wir und wenden es später auch in anderen Beziehungen, natürlich auch in der Paarbeziehung, an. Die Überforderung in der Kindheit, „perfekt sein“ zu müssen und allen Anforderungen zu entsprechen, kann dazu führen, dass der spätere Erwachsene zu Selbstüberforderung oder starken inneren Blockaden bei Anforderungen neigt. Wurde beispielsweise in der Kindheit ein fürsorgliches Verhalten bestärkt, versucht der spätere Erwachsene, sich die Zuneigung anderer (und natürlich auch die des Partners) durch deren Versorgung zu „erarbeiten“. Die Prädestinierung für das im ersten Teil dieses Buches skizzierte Helfersyndrom ist geschaffen. Menschen mit diesem Muster haben zumeist gelernt, die möglichen Erwartungen anderer wie ein Trüffelschwein aufzuspüren und ihnen in vorauseilendem Gehorsam gerecht zu werden. Sie haben außerdem gelernt, selbst keine Erwartungen anderen gegenüber zu äußern, um den Hausfrieden zu sichern. Angehörige dieser altruistischen „Spezies“ würden vielleicht sogar von sich behaupten, selbst völlig anspruchslos zu sein und gar keine Erwartungen *zu haben*. Stattdessen fühlen sie sich ständig enttäuscht von anderen Menschen, für die sie so viel getan haben, von denen aber so wenig zurückkommt. Und genau hier zeigen sich die unausgesprochenen Erwartungen, die die angeblich Selbstlosen eben *doch* haben. Sie bilanzieren ständig auf einer „Wie ich dir, so du mir“-Liste, auf der sie jedoch ständig enttäuscht werden. Sie sind ja subjektiv der Ansicht, dass sie ihre Wünsche schon sehr deutlich ausdrücken, nämlich indem sie sich selbst aufopferungsvoll für den anderen einsetzen: „Bei dem wenigen, was ich für mich beanspruche, wäre es schon schön, wenn ein klein wenig mehr zurückkäme ...“ Und so fühlen sich diese Menschen in der Beziehung ständig als Opfer. Sie werfen ihren Partnern vor, ihre wenigen Bedürfnisse nicht genauso aufzuspüren, wie sie es selbst im umgekehrten Fall tun. Ihre Partner ärgern sich zu Recht über diese undankbare und kaum zu lösende Aufgabe. Schließlich wird ihnen ja ständig vorgeworfen, Anforderungen nicht nachgekommen zu sein, die nie an sie gerichtet wurden.

Doch wie kommt es dazu, dass es manchen Menschen so schwerfällt, ihre Wünsche und Bedürfnisse an andere zu richten? Wie kommt es, dass manche sich so schwer damit tun, konkret um Hilfe zu bitten oder Hilfe anzunehmen? Vordergründig ist dabei die Sorge, jemandem zur Last zu fallen, anzuführen. Es ist wohl unnötig zu erwähnen, dass diese Sorge zumeist unbegründet ist. Sie rührt natürlich daher, dass diese Menschen als Kinder ihren überforderten Müttern stets eine Last waren und diese in irgendeiner Form *selbst* stützen mussten, zumindest aber selbst keinen ausreichenden Halt bekamen. Daher haben sie als Erwachsene große Angst davor, sich schwach oder bedürftig zu zeigen, denn sie rechnen damit, nicht wirklich aufgefangen oder gehalten zu werden. Die Ablehnung einer Bitte wäre zudem noch eine riesige Kränkung und schlichtweg der Beweis dafür, „nicht liebenswert“ zu sein. Daher verlassen sich diese Menschen lieber auf sich selbst und erwarten ihrerseits lieber still und heimlich.

Die Protesthaltung

Die innere Protesthaltung gegen Erwartungen anderer Menschen ist die Konfliktbewältigungsstrategie des gegenteiligen Extrems. Diese Menschen hegen, anders als die Altruisten, eine extreme Anti-Haltung gegen Erwartungen, die an sie gerichtet sind.

Sie haben zwar ebenfalls sehr sensible Antennen, um Erwartungen aufzuspüren, sie setzen diese jedoch nicht ein, um anderen gerecht zu werden, sondern – im Gegenteil – um ihnen eben nicht gerecht zu werden. Anders als die überangepassten Altruisten haben die „Protestanten“ selten oder kaum die Erfahrung gemacht, dass sie die elterlichen Erwartungen zu deren Zufriedenheit erfüllen konnten. Daher fürchten und wehren sie sich gegen vermeintliche Erwartungen, die nie ausgesprochen oder gar gedacht wurden. Da sie es aus ihrer Kindheit nicht anders kennen, als dass ständig

Erwartungen an sie gerichtet sind, vermuten sie solche auch dort, wo in Wirklichkeit gar keine sind. Das heißt: Sie fantasieren in andere Menschen Erwartungen hinein, die diese gar nicht haben, und reagieren empfindlich mit Angriffs - oder Fluchtreflexen auf das Gefühl von Vereinnahmung, das sie infolgedessen beschleicht. Viele Menschen mit einer inneren Protesthaltung finden eine Lösung des Konfliktes (der darin besteht, einerseits anderen alles recht machen zu wollen, sich jedoch andererseits dagegen auflehnen zu wollen), indem sie sich bewusst „fügen", so, wie sie sich damals dem mütterlichen Schliff unterzogen haben, bei einer gleichzeitig vorhandenen inneren Protesthaltung („Das mach ich nicht"). Ständige Unverbindlichkeit und Unpünktlichkeit können ebenfalls als unbewusste Protesthaltung gegen vermeintliche oder tatsächliche Erwartungshaltungen anderer Menschen verstanden werden.

Bindungsangst und ein starkes Autonomiebedürfnis im Erwachsenenalter können folglich als „versteckte" Auflehnung gegen mütterliche Vereinnahmung verstanden werden. Rainer Rehberger schildert in seinem Buch „Verlassenheitspanik und

Trennungsangst“[18] die Geschichte eines Psychotherapiepatienten, bei dem dies der Fall ist. Herr N. entwickelt eine innere Protesthaltung gegen Erwartungen anderer Menschen, insbesondere gegenüber seiner Partnerin (bei der die Mutter-Übertragung aufgrund der Intensität einer Paarbeziehung am stärksten ist). Er flüchtete sich in Unverbindlichkeit und entwickelt eine besondere Vorliebe für das Reisen in ferne Länder – am liebsten allein. Im Verlauf der Therapie stellt sich heraus, dass sein Lieblingslied als Kind *„Hänschen klein“* war. Zur Erinnerung hier noch einmal der weitere Text:

„... ging allein, in die weite Welt hinein, Stock und Hut stehn ihm gut, ist gar wohlgemut. Doch die Mutter weinet sehr, hat ja nun kein Hänschen mehr, da besinnt sich das Kind, läuft nach Haus geschwind.“

Das Lied von „Hänschen klein“ wurde im Therapieverlauf für Herrn N. und Rehberger zur Metapher für die Beziehung zur Mutter, die die eigene Verlassenheit durch ihren Sohn fürchtet. Die Angst vor Vereinnahmung und Beherrschung führte bei diesem Patienten zu immer

---

[18] Vgl. Rehberger, Rainer: Verlassenheitspanik und Trennungsangst, S. 100.

wiederkehrenden Distanzierungsmaßnahmen in der Beziehung zu seiner derzeitigen Freundin.

Menschen, die aufgrund ihrer Vergangenheit wenig Gespür für ihre eigenen Grenzen haben, reagieren deshalb so empfindlich auf Erwartungen, weil sie der Vereinnahmung anderer hilflos ausgeliefert sind (oder meinen, dies zu sein). Sie können sich nicht gut abgrenzen, schwer Nein sagen und fühlen sich für alles Mögliche zuständig und zu allem Möglichen verpflichtet. Den Zusammenhang zur kindlichen Prägung möchten wir im folgenden Kapitel deutlich machen.

SELBSTBEHAUPTUNG, EIGENER WILLE UND EIGENE GRENZEN

Die Autonomieentwicklung geht eng einher mit der Ausbildung eines eigenen Willens und eigenen *Nicht*wollens. Beginnt das Kind, einen *eigenen* Willen auszubilden, empfinden abhängige, ängstliche Mütter dies als etwas Trennendes oder gar als persönliche Zurückweisung und reagieren darauf strafend, beispielsweise mit Liebesentzug. Das Gleiche gilt für Empfindungen des Kindes wie Ärger und Wut. Um die abweisende Reaktion der Mutter möglichst nicht zu provozieren, unterwirft sich das Kind dem Willen seiner Mutter und verzichtet auf eigene Bedürfnisse. Die von der Erziehungsperson unerwünschten Empfindungen werden unterdrückt. Beim späteren Erwachsenen kann dies zu Ohnmachtsgefühlen bei (verbalen) Attacken oder Übergriffen führen. Das Gefühl für eigene Grenzen und damit auch der gesunde Impuls zur Gegenwehr, den man normalerweise in solchen Situationen empfinden würde, gehen verloren. Zurechtweisungen und Angriffe durch die Mutter selbst verstärken ein solches Verhalten. Im Dienste des Selbstschutzes kommt es zu einer Neigung zu übermäßiger bis zwanghafter Freundlichkeit. Wir möchten noch einmal betonen, dass diese Eltern *nicht bewusst* so handeln. Eltern mit eigenen Trennungsängsten schwächen das Selbstwertgefühl ihrer Kinder weder bewusst noch aus purem Sadismus. Bewusst versuchen sie, ihre heranwachsenden Kinder um ihrer selbst willen gut zu erziehen. Doch unbewusst machen sie ihre Kinder „klein“ und suggerieren ihnen, dass sie schwach sind, nichts können und taugen. Diese elterliche Suggestion verinnerlicht das Kind und lässt sie zu seiner eigenen werden. Die Folgen sind ein schwaches Selbstwertgefühl und somit auch stärkere oder dauerhafte Abhängigkeit von den Eltern. Damit dem Sprössling die Abnabelung noch schwerer fällt, wird das schwächende Verhalten im Sinne einer „doppelten Buchführung“ häufig noch durch Verwöhnung, Überbehütung und übertriebene Umsorgung ergänzt. Das heranwachsende Kind soll ganz und gar das Gefühl haben, dass es die „lieben“ Eltern braucht und ohne sie nicht lebensfähig ist. Eingriffe in die Selbstständigkeit sind bei allen möglichen Übungsfeldern des Kindes anzutreffen: beim ersten Krabbeln, Essen, später beim Aufräumen, Anziehen, Klettern usw. Bewusst vertreten die Mütter die Meinung, dass bestimmte Aktivitäten dem Kind schaden würden, weil sie zu gefährlich seien, und reagieren deshalb reglementierend. Auch in der weiteren Entwicklung des älteren Kindes bis hin zur Pubertät setzen sich diese Tendenzen fort. Das Kind ist trotz zunehmenden Forschungsdrangs weiterhin existenziell auf die liebevolle Zugewandtheit der Mutter angewiesen. Reagiert diese also strafend (z. B. mit Liebesentzug) auf Loslösung oder eigenes Wollen des Kindes, wird es zunehmend auf seinen Forschungsdrang verzichten und sich ihrem Willen „unterwerfen“. Ihm steht keine andere Konfliktlösung zur Verfügung, als sich unterzuordnen und sich zu fügen, da es nicht auf die Liebe seiner Eltern verzichten kann. Und so opfert es unbewusst eine erfreuliche Autonomieentwicklung zugunsten der pathologischen Bedürfnisse seiner Mutter. Die Befürchtung von Abweisung oder Verlassenheit hemmen den Forschungsdrang und die Ausbildung eines eigenen Willens, der in der Regel von solchen beherrschenden Müttern ebenso unerwünscht ist. Die Ausbildung einer unabhängigen Persönlichkeit wird auf diese Weise geschwächt. Waren Unterwerfung und Anpassung die Mittel der Wahl eines solchen Kindes, um Streit zu vermeiden, mussten Empfindungen wie Ärger und Wut verdrängt werden. Die Empfindungen Ärger und Wut sind jedoch Voraussetzungen für den Selbstschutz. Mussten sie unterdrückt bleiben, kann der spätere Erwachsene diese aufrührerischen Gefühle häufig gar nicht mehr empfinden. Sie stehen auch dann nicht zur Verfügung, wenn er sie zum Selbstschutz z. B. vor verbalen Attacken benötigen würde. Wird er verbal attackiert, empfindet er nur Hilflosigkeit und nimmt sich womöglich als schwache Persönlichkeit wahr. Wird kein Ärger empfunden, besteht auch kein Anlass, dem anderen Grenzen zu setzen. Nein zu sagen, fällt schwer, und Handlungen sind eher an Bedürfnissen anderer orientiert als an den eigenen.

Das Zulassen von ablehnenden Aggressionen ist also von eminenter Bedeutung für den Schutz des Selbst vor eindringenden Ansprüchen des Gegenübers. Vereinnahmende Eltern akzeptieren weder persönliche Grenzen noch individuellen Eigenraum ihrer Kinder. Beispiele für solche Grenzüberschreitungen sind, wenn die Mutter das Tagebuch des Kindes liest oder dem Kind keinen Schlüssel für sein Zimmer zugesteht. Ob die Grenzen eines Kindes häufig überschritten wurden und es sich an elterliche Bedürfnisse anpassen musste, kann man an seinem Verhalten erkennen. Ein angepasstes Kind ist stärker an den Bedürfnissen anderer orientiert als an den eigenen. Jedes Kind empfindet es in der Regel als unangenehm, wenn die Oma zu Besuch kommt und den kleinen Enkel zur Begrüßung erst einmal heftig küssen möchte. (Auch hierbei handelt es sich um eine Überschreitung der Grenzen des Kindes, denn die Oma möchte selbstverständlich *ihr eigenes* Bedürfnis nach Nähe sättigen und nicht das des Kindes). Das gesunde Kind, das sich nicht den elterlichen Wünschen unterwerfen musste, würde dies als unangenehmen „Übergriff“ empfinden und es nicht zulassen. Es würde einen natürlichen Impuls verspüren, den Eigenraum zu schützen, und diesem Impuls unmittelbar folgen, indem es mit Ablehnung reagiert. Es würde beispielsweise zurückweichen oder verbal und körperlich versuchen, die Oma von ihrem Vorhaben abzubringen. Ein an elterliche Bedürfnisse angepasstes Kind hingegen würde stillhalten und die Oma gewähren lassen. Es hat gelernt, seinen Schutzraum zugunsten der (Nähe-) Bedürfnisse anderer zu opfern. Lieber lässt es sich auf diese Art benutzen, als Kränkung, Strafe, Zurückweisung und Maßregelungen von Oma (und Eltern) ertragen zu müssen.

Erich Fromm formuliert derartige Erziehungsmethoden und ihre Folgen mit diesen Worten: „Ein etwas willkürlich herausgegriffenes Beispiel ist etwa die ganz frühe Unterdrückung von *Gefühlen* wie Abneigung und Feindseligkeit. Die meisten Kinder bekunden zunächst ein gewisses Maß an Feindseligkeit und Trotz, die durch Konflikte mit der Umwelt hervorgerufen werden. Die Umwelt sucht ihrem Expansionsdrang Einhalt zu gebieten, und sie müssen sich als der schwächere Teil im Allgemeinen fügen. Eines der wichtigsten Ziele im Erziehungsprozess besteht darin, diese feindseligen Regungen zu beseitigen. Man wendet dabei unterschiedliche Methoden an, die von Drohungen und Strafen, die dem Kind Angst einjagen, bis zu den subtileren Methoden von ‚Bestechungen' oder ‚Erklärungen' variieren, die das Kind verwirren und dazu veranlassen, seine Feindseligkeit aufzugeben. Das Kind bringt dann zunächst seine Gefühle nicht mehr offen zum Ausdruck und gibt es schließlich auf, überhaupt noch irgendetwas zu fühlen."[19]

Der letzte Schritt der Ablösung vom Elternhaus erfolgt während der Pubertät. Das Opponieren gegen elterliche und gesellschaftliche Vorschriften und Konventionen hat die wichtige Funktion der eigenen Identitätsfindung. Vielen Eltern fällt es nicht leicht, das „aufmüpfige" Verhalten ihrer heranwachsenden Kinder gelassen hinzunehmen. Insbesondere unsichere und bedürftige Eltern fürchten zunehmend um die eigene Verlassenheit oder gar um ihre Überflüssigkeit, wenn der Nachwuchs den letzten Schritt in die Unabhängigkeit geht. Solche Eltern reagieren stark reglementierend auf das pubertierende Verhalten ihrer Kinder. Heinz-Peter Röhr beschreibt die Folgen:

„Zur Reifung der Persönlichkeit ist es zwingend, Widerstand gegen das elterliche System zu entwickeln. Es ist notwendig, in dieser Phase sogar über das Ziel hinauszuschießen und den Kräften der Anarchie mehr Raum zu geben, als Eltern und Gesellschaft lieb ist, um

---

[19] Fromm, Erich: Authentisch leben, S. 68.

letztlich zu einer eigenen Haltung und zur eigenen Mitte zu finden. Jugendliche, die diese Phase nicht durchleben konnten, wachsen zu überangepassten Menschen heran und wirken freudlos, pessimistisch, gebrochen und meist unterschwellig aggressiv. (...) Wer nur nach Regeln und Vorschriften lebt, sich jedes Gefühl verbietet und Moral als das höchste Gut betrachtet, wird seine Lebendigkeit verlieren und inneres Glück nicht erleben, er wird es vielmehr zerstören. Menschen mit übertriebenen Moralvorstellungen sind nicht in der Lage, sich tief und ehrlich zu freuen. Sie sind gehemmt und in Zwänge verstrickt, die nicht leicht aufzulösen sind."[20]

Für unser Bindungsangstthema ist es jedoch aus einem anderen Grund besonders wichtig, diesen Aspekt zu verstehen. Wer fürchtet, mit den eigenen Strebungen anzuecken, oder bereits gar keinen Zugang mehr zum eigenen Innenleben hat, wer seine Gefühle, Bedürfnisse und Grenzen nicht richtig wahrnehmen und sich nur unzureichend gegenüber Erwartungshaltungen und Übergriffen abgrenzen kann, wird eine (zumeist unbewusste) Angst vor emotionaler Überflutung und entwickeln. Da ein Mensch nirgendwo stärker mit diesen Befürchtungen von Grenzüberschreitung und

---

[20] Röhr, Heinz-Peter: Vom Glück sich selbst zu lieben, S. 35.

emotionaler Vereinnahmung konfrontiert wird als in einer festen partnerschaftlichen Bindung, fällt sein Unbehagen am ehesten an seinem Verhalten innerhalb einer Partnerschaft auf, und man spricht von bindungsängstlichem Vermeidungsverhalten.

Derartige Eingriffe in die Integrität des Kindes können beim späteren Erwachsenen dazu führen, dass er sich regelmäßig der Erwartung anderer unterwirft und auf eigene Abgrenzung und eigene Wünsche verzichtet. Die Angst, sich mit seinen Bedürfnissen nach Selbstbehauptung zu zeigen, findet sich nicht selten auch in einer allgemeinen Gehemmtheit, sozialen Ängsten und Anpassungszwängen wieder. Sich für die eigenen Interessen einzusetzen, ist unmittelbar mit Angst verbunden. Häufig ist die Hemmung so stark ausgeprägt, dass die eigenen Interessen noch nicht einmal mehr wahrgenommen werden. Eigene Strebungen können dann gar nicht mehr benannt, geschweige denn verfolgt werden. Das Treffen von Entscheidungen fällt schwer. Die Lust, sich durchzusetzen oder zu rivalisieren, geht Betroffenen völlig verloren. Bei Streitereien fehlt die nötige Aggression, um gegenzuhalten und sich nicht „unterbuttern“ zu lassen.

Dieses Gar-nicht-mehr-Empfinden von eigenen Interessen kann man auch als „Totstellreflex“ bezeichnen. In Anpassung an eine beherrschende Mutter in der Kindheit ist dieser Reflex ein nützlicher Selbstschutz. Dem späteren Erwachsenen wird das Beibehalten eines solchen unbewussten Vermeidungsverhaltens jedoch vielfach zum Verhängnis. Menschen, die gelernt haben, ihre eigenen Bedürfnisse, Gefühle und Grenzen im Zusammensein mit anderen zu unterdrücken, ist der Zugang zu den eigenen Bedürfnissen, Zielen und Meinungen in solchen Situationen erschwert. Soziale Hemmnisse dieser Art führen nicht nur in Schule, Ausbildung und Beruf zu Schwierigkeiten, sondern auch in zwischenmenschlichen und partnerschaftlichen Beziehungen. Wer in der Kindheit stark emotional vereinnahmt wurde, dessen Beziehungsfähigkeit zu sich selbst, den eigenen Gefühlen, Bedürfnissen und Grenzen ist stark beeinträchtigt. Ein solcher Mensch, der nicht klar spürt, wo er selbst aufhört und der andere anfängt, wird sich auch in partnerschaftlichen Beziehungen vereinnahmt fühlen und daher eine Angst vor Nähe entwickeln.

Eine partnerschaftliche Beziehung weist beispielsweise durch die starke emotionale Verbundenheit viele Parallelen zur frühen Eltern-Kind-Beziehung auf. In einer Liebesbeziehung werden, je nach Situation, Verlassenheitsängste einerseits und Angst vor emotionaler Überflutung andererseits wieder erweckt. Hat beispielsweise einer der Partner in seiner frühen Kindheit die Erfahrung emotionaler Verlassenheit durch die Eltern gemacht, wird er diese traumatische Erfahrung besonders stark fürchten. Sorgt das Verhalten des Partners dafür, dass diese Trennungsängste „angetriggert" werden, verhält er sich instinktiv so, wie sich ein Kind verhält, das die Verlassenheit durch seine Eltern fürchtet: Es klammert. Dieses anklammernde Verhalten wird beim anderen Partner ebenfalls starke Gefühlserinnerungen wachrufen, nämlich die einer vereinnahmenden, bedürftigen Mutter. Solche Eltern-Übertragungen auf den Partner geschehen unbewusst, können aber eine Abwärtsspirale bewirken, wie wir sie im ersten Teil dieses Buches als Fallbeispiel bei Jan und Sabine beschrieben haben.

- Vom einen Partner, in unserem Fall war es Jan, wird Nähe ersehnt, aber nicht ertragen. So suchte Jan nach Intimität zu seiner Partnerin Sabine und stieß sie wieder von sich, sobald sich der Wunsch erfüllt hatte, nämlich nachdem die Eroberung abgeschlossen war. Von dem Zeitpunkt an, an dem Sabine seine Gefühle erwiderte, fühlte er sich emotional überflutet und die Angst vor Vereinnahmung überwog. Infolgedessen suchte er verstärkt nach Freiräumen und Distanz zu ihr.

- Sabine wiederum spürte das distanzierte Verhalten, die eigenen alten Verlassenheitsängste und Ohnmachtsgefühle kamen hoch, und die emotionale Bedürftigkeit und ihr anklammerndes Verhalten verstärkten sich ...

- ... das wiederum intensivierte Jans Ängste vor emotionaler Überflutung nur noch mehr und veranlasste ihn zu weiteren Distanzierungsmaßnahmen ...

- ... Sabines Angst, dass Jan sie verlassen könnte, wurde immer größer und so weiter.

In einem enormen Kraftakt, der so gut wie nie ohne schwere Verletzungen ausgeht, strampeln sich beide Partner ab und häufig dem Ende der Beziehung entgegen. Die Katze beißt sich in den Schwanz.

Das Problem ist, dass die Ängste beider Partner eigentlich der jeweiligen Ursprungsfamilie gelten, hier aber auf den Partner übertragen wurden. Jan ist auf der Flucht (vor seiner ihn überflutenden Mutter), Sabine fürchtet die drohende emotionale Verlassenheit (von ihrer Mutter), wobei man sich natürlich fragen kann, was zuerst da war: das Ei oder die Henne. Indem beide Partner auf die beschriebene Art versuchen, ihr Unheil zu verhindern bzw. ihm zu entkommen, verstärken sie jeweils die Ängste mit dem dazugehörigen Verhalten des anderen. Sabine, die sich im trennungsängstlichen Zustand befindet, spielt Verhaltensweisen ab, die sie im Elternhaus erlernt hat, um wieder mehr zu gefallen. Sie passt sich ganz und gar an Jans (elterliche) Wünsche an, um „liebenswerter" und attraktiver zu erscheinen, und verliert dabei ihren eigenen Stand. Sie steckt viel Mühe in ein ansprechendes Äußeres und passt sich dem Idealbild an, von dem sie glaubt, dass Jan sie so gern hätte, um Konflikte zu vermeiden, wird die eigene Meinung zurückgestellt oder kommt gar abhanden, der Partner wird verstärkt umworben usw. Dies nützt aber nichts, denn es ist ein Leichtes, die dahinterstehende Bedürftigkeit und emotionale Abhängigkeit zu enttarnen, und genau dieses anklammernde, einengende Verhalten ist ja so abschreckend für Jan, weil es ihn an die vereinnahmende Mutter erinnert. In Folge dieser Übertragung von der verschlingenden Mutter auf die Partnerin Sabine verliert Sabine unmittelbar an Attraktivität. Und die Moral von der Geschicht? Erst das Aufdecken der jeweiligen Verstrickung in eigene Kindheitsthemen ermöglicht die Unterbrechung des Teufelskreises.

DER AUTONOMIE-ABHÄNGIGKEITS-KONFLIKT

Führen wir uns die genannten emotionalen Grundbedürfnisse des Menschen noch einmal genau vor Augen:

1. Ich möchte geliebt werden und mich akzeptiert, sicher und geborgen fühlen.

2. Ich möchte unabhängig und selbstständig sein sowie frei von Ansprüchen anderer an meine Person.

Diese beiden Grundbedürfnisse verspüren wir von klein auf. In dem Maße, in dem unsere Eltern auf diese Bedürfnisse eingehen und sie befriedigen, können wir sie in unsere Persönlichkeit integrieren und sie nebeneinander bestehen lassen. In diesem Fall schließen sich diese Bedürfnisse bzw. deren Erfüllung gegenseitig nicht aus. Wir können uns in einer Partnerschaft befinden, uns geliebt und umsorgt fühlen, ohne uns in unserer Freiheit beschnitten zu fühlen. Vereinnahmende Eltern haben das Bedürfnis nach Unabhängigkeit ihrer Kinder nicht ausreichend respektiert. Ihre Liebe war an Bedingungen und Ansprüche geknüpft. Für ein Kind, das diese Erfahrung gemacht hat, steht die Erfüllung der beiden Bedürfnisse daher in einem unüberwindbaren Gegensatz und bedeutet einen Konflikt. Findet es als Erwachsener einen Partner, der ihm viel Liebe und Aufmerksamkeit schenkt, wird es sich daher viel eher manipuliert und vereinnahmt fühlen und ein so hohes Maß an Nähe kaum ertragen können. Die Nähe zu einem Partner und seine Zuwendung erinnern (unbewusst) an die Bedürftigkeit der Mutter. Sie werden begleitet durch die Befürchtung, die eigenen Grenzen zu verlieren. Der partnerschaftlichen Liebe steht die Angst vor dem Verlust der Autonomie gegenüber. Man nennt diesen Konflikt den *Autonomie-Abhängigkeits-Konflikt*. Störungen und Belastungen treten dann auf, wenn der Mensch keine angemessene Strategie zur Lösung des Konfliktes entwickeln konnte.

DAS KOLLUSIONSMODELL

Der Umgang mit diesem Autonomie-Abhängigkeits-Konflikt und den daraus resultierenden Ambivalenzen ist ein maßgeblicher Faktor für das Gelingen von Liebesbeziehungen. Der Paartherapeut Jürg Willi vertritt die Auffassung, dass sich häufig zwei Partner zusammenfinden, bei denen ein gleichartiger unbewältigter Grundkonflikt besteht, der von beiden in verschiedenen Rollen ausgetragen wird. Für Menschen, die in ihrer Flexibilität eingeschränkt sind, ist es unmöglich, beide vermeintlich widerstrebenden Tendenzen in sich zu tragen, und sie finden unbewusst eine „Lösung" dieses Konfliktes, indem sie sich für eine Position „entscheiden". Daher fixieren sie sich auf eine einseitige, starre Position. So finden sich häufig Paare zusammen, bei denen der eine Partner in der progressiven (=vorwärtsgewandten, erwachsenen)

Position ist und der andere in der regressiven (=rückwärtsgewandten, kindlichen) Position. Die eigenen gegenpoligen, verdrängten Bedürfnisse werden vom Partner ausgelebt. Im Fall des Autonomie-Abhängigkeits-Konfliktes stellt der progressive Partner (wir haben ihn aktiven Vermeider genannt) seinen Wunsch nach Nähe zurück, während dem Autonomiebedürfnis in fast übertriebener Weise nachgegangen wird. Und umgekehrt: Der Partner, der in der regressiven Position fixiert ist, unterdrückt seine Autonomiebestrebungen und intensiviert den Bindungswunsch. So entsteht der Eindruck, dass die Bedürfnisse des einen Partners im völligen Gegensatz zu denen des anderen stehen. In Wirklichkeit aber leben beide Partner jeweils einen Pol des gemeinsamen Konfliktes aus. Dieses unbewusste Zusammenspiel von Partnern beschreibt Jürg Willi als Kollusion. Jeder der Partner übernimmt einen Teil der sich widersprechenden Tendenzen der Ambivalenz und „delegiert" den anderen an seinen Partner. Auf diese Art müssen die Konfliktanteile nicht mehr innerhalb derselben Person ausgehalten werden, stattdessen bestehen sie innerhalb des Systems Beziehung. Willi nennt es ein „gemeinsames Selbst".

Willi beobachtete neben der Autonomie-Abhängigkeits-Kollusion noch drei weitere Kollusionsthemen in Paarbeziehungen:

Unterwerfung/Kontrolle: Im einen Extrem fügt sich der Mensch den Gegebenheiten und Entscheidungen des anderen, im anderen Extrem bestimmen Kontrolle und Führung das Verhalten.

Selbstwert/Objektwert: Bei diesem narzisstischen Beziehungsthema bestehen auf beiden Seiten Selbstwertprobleme. Im einen Extrem werden diese durch Größenwahn bekämpft mit einem unersättlichen Bedürfnis, bewundert zu werden. Im anderen Extrem dominieren Minderwertigkeitsgefühle, während der andere kritik- und bedingungslos idealisiert und bewundert wird. Es wird gehofft, dass etwas vom grandiosen Abglanz des Partners auf einen selbst abfällt.

Versorgung/versorgt werden: Im einen Extrem besteht ein großes Bedürfnis danach, durch den anderen umsorgt zu werden, im anderen Extrem nimmt der Mensch keine Hilfe an und wehrt die eigenen Wünsche nach Unterstützung ab, indem er sich als anspruchslos darstellt. Der progressive Partner lässt dem anderen die

Versorgung zuteilwerden, nach der er sich selbst unbewusst sehnt.

Auf den ersten Blick scheinen sich diese Partner ideal zu ergänzen, sie passen wie Schlüssel und Schloss zueinander. Laut Willi entsteht auch genau durch diese Rollenverteilung bzw. das Bestehen eines gemeinsamen Grundkonfliktes die Anziehung zwischen den Partnern, aber ebenso auch deren Verklammerung. Er schreibt:

„Sie helfen sich gegenseitig, ergänzen sich und erfüllen stellvertretend füreinander gewisse Aufgaben. Jeder übernimmt seinen Neigungen und Eignungen entsprechend gewisse Aspekte des Paarlebens, die ihm näherliegen als dem Partner. (...) Es bildet sich in der Beziehung ein gemeinsames Selbst, das das psychische Leben des Einzelnen sich nicht mehr unabhängig von demjenigen des Partners entfalten lässt. Die Bildung dieses **gemeinsamen Selbst** kann sich als gefährlich erweisen und zur Quelle destruktiver Gebundenheit werden."[21]

Zum Scheitern der Kollusionsbeziehung kommt es in der Regel aus zwei Gründen. Entweder kommt es im Laufe des Zusammenlebens zu einer immer stärkeren

---

[21] Willi, Jürg: Die Zweierbeziehung, S. 13.

Polarisierung. Infolgedessen werden die gelebten Extrempositionen für einen oder auch beide Partner zu belastend, wie im Fall von Sabine und Jan. Oder die andere Variante, die zum Scheitern führt, tritt ein, nämlich dann, wenn die verdrängten Anteile zurückkehren, denn in diesem Fall passen die Pole nicht mehr nach dem Schlüssel-Schloss-Prinzip zusammen. Dieses Phänomen haben wir bereits im Kapitel **Der Rollenwechsel in bindungsängstlichen Beziehungen** beschrieben.

ZUSAMMENFASSUNG

Für eine gesunde Kindesentwicklung ist es eminent wichtig, dass die Eltern bei den kindlichen Bedürfnissen nach Schutz, Trost und Nähe den Impulsen des Kindes folgen. Das Kind soll sich bei Angst und Traurigkeit der emotionalen Zugewandtheit sicher sein können. Ebenso wichtig ist jedoch, dass die Eltern das Kind loslassen können und es in seinem Erkundungs- und Abgrenzungsbestreben liebevoll unterstützen.

Bindungs- und Trennungsängste sind die Folgen von emotionalen Grundverletzungen durch die Erziehungspersonen in der Kindheit. Finden diese

Verletzungen kontinuierlich oder sehr intensiv statt, entwickelt das Kind starke Trennungsängste (bei traumatischer Erfahrung von Verlassenheit) und emotionale Überflutung (bei Verletzung des Eigenraumbedürfnisses). Je nachdem, welches Grundbedürfnis stärker verletzt wurde, haben manche Menschen größere Angst vor emotionaler Verlassenheit, während bei anderen die Angst vor emotionaler Vereinnahmung überwiegt. Viele Menschen haben in der Kindheit die Erfahrung emotionaler Vereinnahmung *und* die von Verlassenheit gemacht. Bei ihnen sind *beide* Ängste stark ausgeprägt. Von emotionaler Vereinnahmung kann man dann ausgehen, wenn das Verhalten der Eltern mehr an ihren eigenen Bedürfnissen orientiert ist als an denen des Kindes. Gründe für ein solches Verhalten der Eltern sind zumeist eigene Verlassenheits- und Trennungsängste, die sich auf das Kind beziehen. Dies führt bei bedürftigen Eltern unbewusst zu übermäßiger Behütung und dazu, das Kind „klein" zu machen. Das in seinem Selbstwert geschwächte Kind und der spätere Erwachsene fühlen sich klein und schwach und dadurch emotional stark von anderen abhängig. Betroffene halten sich für allein nicht richtig lebensfähig. Mitunter führt diese subjektiv empfundene Bedürftigkeit zu einer Neigung, in

Partnerschaften zu verweilen, die ihnen eigentlich nicht guttun. Eine weitere Folge emotionalen Eindringens in ein Kind ist, dass der spätere Erwachsene emotionale Nähe in der Partnerschaft als etwas Bedrohliches und Unangenehmes empfinden wird. Die verschlingende Bedürftigkeit der Mutter und ihre Erwartungshaltungen werden auf die Partner übertragen. Eine auf diese Art vorgeprägte Person wird sich viel eher als andere Menschen von der Liebe ihres Partners erdrückt, manipuliert und kontrolliert fühlen. Als Kinder von bedürftigen Eltern haben diese Personen gelernt, ihre eigenen Bedürfnisse zurückzustellen. Dies mussten sie, um sich deren liebevolle Zugewandtheit zu sichern (und ggf. auch, um Strafen zu entkommen). Der Radar solcher Kinder ist in erster Linie nach *außen* gerichtet, um die Bedürfnisse *anderer* aufzuspüren. Der bewusste Zugang zu den eigenen Gefühlen und Gedanken bleibt auch dem späteren Erwachsenen im Beisein des Partners erschwert. Deshalb haben bindungsängstliche Menschen ein größeres Autonomiebedürfnis als andere. Der Rückzug schafft Raum zum Wahrnehmen eigener Bedürfnisse, Gedanken, Gefühle und Neigungen. Der Kontakt zu sich selbst kann viel leichter entstehen, wenn ein gewisser Abstand zum anderen gewahrt wird. Wird dieser so dringend benötigte Eigenraum als bedroht angesehen, kommt es zu Kampf- oder Fluchtimpulsen. Dies geschieht manchmal ohne äußerlich erkennbare Zusammenhänge, denn die Vereinnahmungsphantasien und -empfindungen spielen sich weitestgehend im Inneren der betroffenen Person ab. Angst geht nicht selten auch mit körperlichen Reaktionen einher. Bei bindungsängstlichen Personen wird das emotionale Eindringen des Partners und das Verschwimmen der eigenen Grenzen befürchtet. Zu dieser Art von Angst passen körperliche Reaktionen wie Atemnot, Engegefühl oder Herzrasen. Das Verhalten gegenüber dem passiven Partner ist durch distanzierende Maßnahmen, also entweder durch den eigenen (emotionalen) Rückzug oder durch Zurückweisung und subtile Angriffe gegenüber dem Partner gekennzeichnet. Auf diese unkontrollierten, unbeholfenen Kampf- oder Fluchtreaktionen greifen Bindungsängstliche deshalb zurück, weil sie sich nicht sozialkompetent abgrenzen können. Sie haben ja nie richtig lernen dürfen, *wie* man das Bedürfnis nach Eigenraum und eigene Grenzen kommuniziert, vor allen Dingen aber haben sie nicht lernen dürfen, *dass es okay ist, dies zu tun.* Infolge der Vereinnahmungsängste schwinden die Liebesgefühle. An ihre Stelle tritt ein verstärktes Bedürfnis nach Freiraum und Autonomie, das wiederum eine Verhaltensänderung gegenüber dem Partner nach sich zieht. Der aktive Vermeider zieht sich immer mehr vom Partner zurück oder sorgt durch verletzendes Verhalten für mehr Distanz in der Beziehung. Indem sich der aktive Vermeider seinem Partner emotional entzieht, aktiviert er, ohne dies zu wollen, dessen Verlustängste. Auf diese Weise erreicht der Bindungsphobiker in einer „sich selbst erfüllenden Prophezeiung" genau das, was er eigentlich zu verhindern versucht hat. Die Verlustangst des Partners sorgt für eine Steigerung seines anklammernden Verhaltens, seiner Verliebtheit sowie seines Bedürfnisses nach Nähe und Verbindlichkeit. Dies führt zu einer Abwärtsspirale der Beziehungsdynamik, bei der sich die gegensätzlichen Bedürfnisse immer stärker polarisieren.

METAMORPHOSEN

Beziehungs- und Bindungsfähigkeit bedeutet nicht nur, glückliche Paarbeziehungen führen zu können. Die Säulen, auf denen die Bindungsfähigkeit gebaut ist (und bei deren Aufbau und Stärkung wir Ihnen behilflich sein wollen), bilden ebenso das Fundament für Glück, Zufriedenheit und Erfolg in vielen weiteren Lebensbereichen. Selbstfindung, Identität und Ich-Stärke begründen auch Erfolg bei der Ausgestaltung sozialer Beziehungen in Freundschaften, in der Familie und im Beruf.

Vielleicht haben Sie schon häufiger Zitate oder Sprüche gehört wie: „Du musst erst dich selbst lieben, bevor du jemand anderen lieben kannst“, oder: „Die wichtigste Beziehung in deinem Leben ist die Beziehung mit dir selbst“, oder auch: „Erst wenn du mit dir selbst im Reinen bist, wirst du glückliche Beziehungen führen können.“ Obwohl wir mit dem Inhalt solcher Aussagen konform gehen, sind sie doch oftmals wenig hilfreich, wenn man in einer schwierigen Beziehungskrise steckt. Sie kommen dann eher wie Belehrungen daher und vermitteln das Gefühl von Unzulänglichkeit. Man steckt nicht nur in einer Beziehungskrise, sondern ist an dieser Misere aufgrund der Unzufriedenheit mit sich selbst auch noch schuld. Prima! Sehr hilfreich! Solche Sprüche tragen zwar einen wahren Kern in sich, geben aber wenig Aufschluss darüber, *wie* man denn mit sich selbst „ins Reine“ kommen kann, und hinterlassen stattdessen diesbezüglich eher ein Gefühl der Hilflosigkeit. Daher möchten wir diese Zitate ein wenig mehr mit Leben und Inhalt füllen und Sie auf dem Weg der Selbstfindung (zumindest bei den ersten Schritten) begleiten. Betrachten Sie dies also als den Auftakt zu einer spannenden Entdeckungsreise Ihres Selbst.

Wir sind der Überzeugung, dass jeder Mensch unabhängig von Alter, Geschlecht und Kindheitsgeschichte ganz entscheidend an seiner Beziehungsfähigkeit arbeiten und sie grundlegend verändern kann. Aus diesem Grund haben wir diesen dritten und letzten Teil des Buches „Metamorphosen“ genannt, in Anlehnung an die Geschichten des griechischen Dichters Ovid. Doch um eine wirkliche Verwandlung zu vollziehen, bedarf es der stetigen Auseinandersetzung mit sich selbst und den eigenen, individuellen Grundkonflikten.

Viele Menschen fragen sich, ob es ihnen im Erwachsenenalter überhaupt noch möglich ist, Aspekte ihrer Persönlichkeit zu verändern. Schließlich heißt es ja immer so schön: „Was Hänschen nicht lernt, lernt Hans nimmermehr.“ Aufgrund unserer langjährigen therapeutischen Arbeit, auf der Basis vieler Beobachtungen und Gespräche mit Patienten, Freunden und Bekannten und nicht zuletzt auch aus eigener Erfahrung können wir bestätigen: Man kann! Natürlich können Kinder viel schneller Neues hinzulernen, was aber nicht heißt, dass für Erwachsene der Zug abgefahren ist. Auch Ergebnisse der Gehirnforschung konnten dies bestätigen. Gerald Hüther, Neurobiologe und Autor, beschreibt dies in seinem Buch „Biologie der Angst“. Er vergleicht das Gehirn mit seinen neuronalen Synapsen mit einer durch Straßen bebauten Landschaft. Die Straßen, die häufig befahren werden, werden immer weiter ausgebaut. Besonders stark genutzte Neurone gleichen irgendwann hochfrequentierten Autobahnen mit mehreren Spuren. Die ungenutzten Straßen werden zunehmend baufällig und irgendwann unpassierbar. Das Wichtigste ist jedoch: Es können auch Straßen in bisher unerschlossene Gebiete hineingebaut werden. Werden sie verstärkt genutzt, so können auch sie zu immer größeren Bahnen werden.

Auf diese Art führen neue Erfahrungen und deren Wiederholungen dazu, dass wir in jedem Alter neue Verhaltensweisen erlernen können. Durch neue Verhaltensweisen können wir auch unsere Beziehungen zufriedenstellender gestalten. Durch diese Verknüpfung verbinden wir unsere feste Beziehung zunehmend mit positiven Gefühlen. Wir können ein neues Bindungsmuster entwickeln.

Da wir davon ausgehen, dass aktives und passives Vermeidungsverhalten nur zwei Seiten derselben Medaille sind, sehen wir für beide Partner dieselben Schritte vor und weisen nur an der einen oder anderen Stelle auf besondere Wichtigkeit für Partner einer bestimmten Rolle hin.

DIE FÜNF SÄULEN DER BINDUNGSFÄHIGKEIT

Verwendet man das Bild eines Gebäudes, bilden fünf Grundmauern oder auch Säulen das Fundament für die Bindungs- und Beziehungsfähigkeit. Diese fünf Säulen

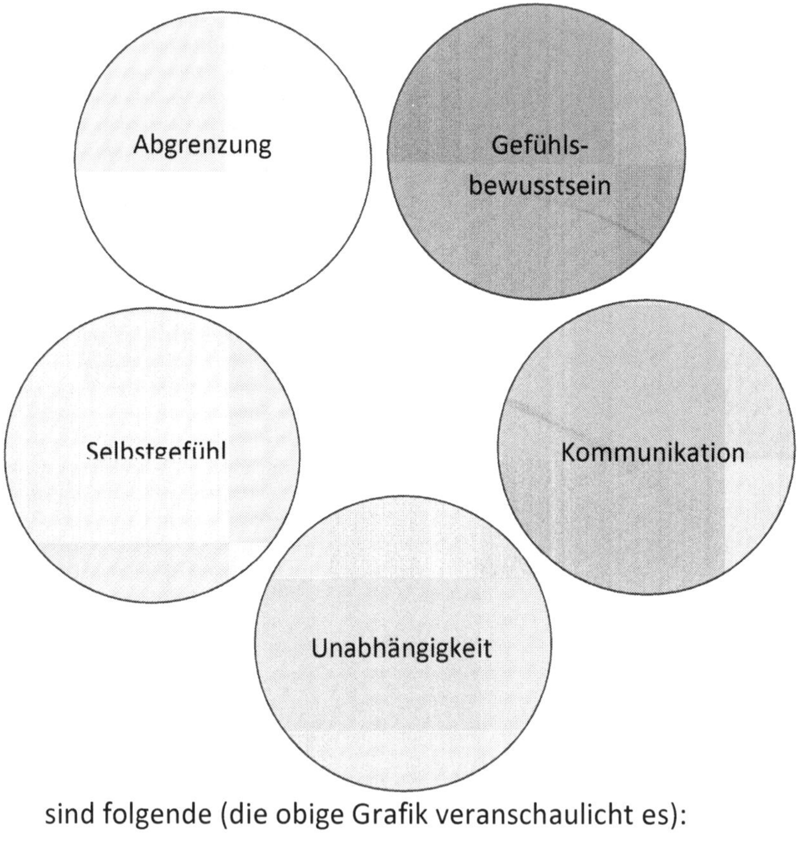

sind folgende (die obige Grafik veranschaulicht es):

Je stabiler dieses Säulenfundament gebaut ist, desto sicherer wird das Beziehungs-Haus stehen und gegen Sturm und Unwetter gewappnet sein. Wir werden im nun folgenden dritten und letzten Abschnitt mit Ihnen an der Stärkung und Festigung Ihrer Säulen arbeiten. Die jeweiligen Unterkapitel bilden sozusagen die Bausteine, die für den „Bau“ einer jeden einzelnen Säule notwendig sind.

Die einzelnen Säulen stellen Fähigkeiten und Bewusstseinsstufen dar, die erlernt und stetig gefestigt werden können. Selbstverständlich kann die Arbeit „auf dem Bau“ manchmal auch anstrengend sein und einem langwierig vorkommen. Dazu passt das Sprichwort: „Rom wurde auch nicht an einem Tag erbaut.“ Doch glauben Sie uns: Die Arbeit lohnt sich, denn am sichersten und wohlsten fühlt man sich doch in einem Haus, das solide gebaut und in sich stabil ist.

Prinzipiell gilt, dass alle Säulen in enger Wechselbeziehung zueinander stehen und sich gegenseitig beeinflussen, sie bedingen sich geradezu. Stärken Sie eine Komponente, ist dies die beste Voraussetzung dafür, dass Sie Fortschritte auf anderen Ebenen machen können. Damit verhält es sich so ähnlich wie mit einem einzigen Muskel, den man nie isoliert trainieren kann. Sie trainieren bei jeder Übung die umliegenden Muskeln mit. In Bezug auf ihr „Training" der Bindungsfähigkeit bedeutet das: Sie müssen sich beispielsweise erst ihrer **Gefühle** ganz **bewusst** sein, um diese erfolgreich **kommunizieren** zu können. Wenn sie durch erfolgreiche **Kommunikation** etwas erreichen konnten, wird dies ihr **Selbstvertrauen** stärken, und Selbstvertrauen seinerseits ist eine elementare Voraussetzung für **Unabhängigkeit.** Wenn sie sich unabhängiger von anderen Menschen fühlen, wird es Ihnen leichter fallen, sich **abzugrenzen,** da Sie deren Ablehnung nicht mehr so sehr fürchten. Wenn Sie ein besseres **Selbstgefühl** haben, wird es ihnen auch leichter fallen, eigene Wesenszüge zu erkennen, zu akzeptieren und zu **kommunizieren.** Wenn Ihnen bestimmte **Kommunikation**stechniken zur Verfügung stehen, wird es Ihnen höchstwahrscheinlich viel leichter fallen, sich **abzugrenzen** und so weiter. Auf diese Art steht jede Säule mit jeder anderen in enger Verbindung und starker Wechselwirkung.

Aus unserer Sicht können die eigene Selbstreflexion sowie die Bereitschaft, sich im Alltag neu auszuprobieren, sehr hilfreich sein, wenn ein erwachsener Mensch sein Fundament noch nachträglich stabilisieren möchte. Eigenreflexion und kleine übungsweise Verhaltensänderungen können somit als „Werkzeuge“ fungieren.

Zuletzt sei noch erwähnt, dass es natürlich sinnvoll ist, wenn beide Partner einer bindungsängstlichen Beziehung an ihren eigenen Säulen arbeiten. Sofern Sie in diesem Buch gerne etwas unterstreichen oder sich Notizen machen möchten, empfehlen wir jedoch, dass jeder der Partner sein eigenes Exemplar hat, da die Auseinandersetzung mit den eigenen Grundkonflikten eine sehr intime und persönliche Angelegenheit ist (falls Sie die Ebook-Variante des Buches lesen, verwenden Sie bitte zum Beispiel eine geöffnete Text-Datei für Ihre Notizen). Außerdem können persönliche Notizen und Anmerkungen vom jeweils anderen Partner missverstanden werden und so unnötige Schwierigkeiten heraufbeschwören.

DIE ABGRENZUNGSFÄHIGKEIT

Vielleicht wundert es Sie, dass wir die Stärkung der eigenen Abgrenzungsfähigkeit als eine Methode vorschlagen, um Bindungsängste zu regulieren, wirken doch bindungsängstliche Menschen, insbesondere die aktiven Vermeider, geradezu übermäßig abgegrenzt und distanziert. Man möchte meinen, sie bräuchten genau davon etwas weniger. Doch dies ist ein Trugschluss. Tatsache ist, dass bindungsängstliche Menschen deshalb so große Mauern um sich herum errichten, weil sie kein richtiges Gefühl für ihren Eigenraum haben. In diesem Kapitel soll es nicht darum gehen, wie Bindungsphobiker in ihrer Beziehung noch größere Barrieren errichten können. Vielmehr gilt: Wer seine inneren Grenzen kennt, benötigt sie weniger im Außen. Wer weiß, dass seine inneren Grenzen sicher stehen, braucht sie nicht ständig zu verteidigen. Für passive Vermeider gilt etwas ganz Ähnliches: Wer seinen Eigenraum besser wahrnehmen und hüten kann, benötigt keinen emotional unerreichbaren Partner mehr, um sich vor emotionaler Überflutung zu schützen. Zu einer gesunden Abgrenzung gehört es, den eindringenden Ansprüchen und Erwartungen anderer Menschen nur eingeschränkt Zutritt zu gewähren. Dieser Zutritt sollte immer bewusst geschehen und sich innerlich stimmig anfühlen.

Die Kunst der Abgrenzung besteht darin, unterschiedliche Strebungen und Bedürfnisse von mir und meinem Gegenüber nebeneinanderstehen zu lassen. Hierfür muss ich die Wünsche des Gegenübers kennen, vor allem aber die *eigenen* Bedürfnisse.

Erstaunlicherweise ist Letzteres oft schwieriger als Ersteres.

Wie bereits in Teil zwei dieses Buches beschrieben, kann das Gefühl für die eigenen Grenzen abhandenkommen, wenn diese in der Kindheit häufig überschritten wurden. Beim späteren Erwachsenen hat dies zur Folge, dass die eigenen Grenzen ständig mit denen anderer verschwimmen. Menschen, die in der Kindheit stark emotional vereinnahmt wurden, nehmen sofort Schwingungen und Stimmungen anderer Menschen wahr, sie können gar nicht anders. Sie machen sich die Wünsche des anderen zu eigen. Nein zu sagen, fällt schwer, man könnte den anderen enttäuschen und dadurch selbst Ablehnung erfahren. Doch wenn das eigene Handeln mehr an den Wünschen des anderen orientiert ist, wird die eigene Identität unklar.

Vereinnahmung und Grenzüberschreitungen in der Kindheit führen manchmal dazu, dass Betroffene ihre eigene Grenze nicht mehr wahrnehmen. Sei es ihre Belastungsgrenze oder ihre Schutzgrenze bei verbalen Übergriffen. Sie haben ihre Bedürfnisse so weit zurückgestellt, dass sie sie häufig übergehen oder kaum mehr spüren. Das Verpflichtungsgefühl dem anderen gegenüber überwiegt, seinen Bedürfnissen wird Vorrang vor den eigenen gewährt. Viele Menschen bewerten ihre Unfähigkeit, sich abzugrenzen, sogar noch als eine Tugend. Sie halten sich für besonders selbstlos und daher für moralisch überlegen. Wir behaupten: Mit einem solchen Verhalten wird man weder sich selbst *noch dem anderen* gerecht. Vielmehr „benutzen" die Helfer ihr Gegenüber, um sich selbst wichtig und gebraucht zu fühlen und um Schuldgefühle zu bekämpfen. Ein weiteres, zumeist unbewusstes Motiv der Zuwendung besteht darin, sich anderen Menschen moralisch überlegen und besonders großmütig zu fühlen. Von Selbstlosigkeit kann in diesem Zusammenhang wohl kaum die Rede sein. Derjenige aber, dem die Zuwendung zuteilwird, benötigt sie vielleicht gar nicht. Stattdessen ist es der Helfer selbst, der das Helfen braucht. Aus der Notwendigkeit heraus, sich über das Helfen und Versorgen emotional zu stabilisieren, unterstellen die Helfer ihren „Schützlingen" nicht selten eine größere Bedürftigkeit und Schwäche, als dies real der Fall ist. Dies führt beim Helfer zu einem Verzicht auf Abgrenzung, denn er hält standhaft an dem Vorurteil fest, dass sein Gegenüber ein Nein nicht aushalten könnte. Dem Gegenüber wird fast immer weniger zugetraut als nötig, was auch bedeutet, dass der Helfer nicht wirklich an den wahren Bedürfnissen und

Fähigkeiten, geschweige denn an einer verselbstständigenden Entwicklung seines Gegenübers interessiert ist, solange er das Helfen so sehr braucht. Die eigene Bedürftigkeit des Helfers verringert somit ein *wahres* Gespür für die *eigentlichen* Bedürfnisse, Fähigkeiten und Grenzen des anderen.

VERANTWORTUNG ÜBERNEHMEN

Menschen, denen es schwerfällt, sich abzugrenzen, reagieren häufig ärgerlich auf die Wünsche und Erwartungen ihres Partners, da sie der Ansicht sind, *er* habe sie in die unangenehme Situation gebracht. Dies gilt vor allem für aktive Vermeider, wie beispielsweise Lena.

LENA LIEß SICH VON DAVIDS WUNSCH DAZU VERLEITEN, DEN VIERTEN TAG IN FOLGE GEMEINSAM MIT IHM FERNZUSEHEN. DABEI WÄRE SIE VIEL LIEBER ZU EINEM SPIELEABEND MIT FREUNDINNEN GEGANGEN, DOCH SIE FÜHLTE SICH DAVID GEGENÜBER VERPFLICHTET. SIE KONNTE SICH NICHT ABGRENZEN UND NICHT NEIN SAGEN. DASS SIE NUN ABER KEINE LUST AUF EINEN GEMEINSAMEN FERNSEHABEND HATTE, LIEß SIE DAVID DEN GANZEN ABEND SPÜREN. SIE SAß AUFFÄLLIG GELANGWEILT DA UND MACHTE STÄNDIG VERLETZENDE BEMERKUNGEN, INDEM SIE AUF IRGENDWELCHEN DINGEN HERUMRITT, DIE SIE AN DAVID

STÖRTEN. AUS EINEM GEMÜTLICHEN VIDEOABEND WURDE IM NU EIN HEFTIGER BEZIEHUNGSSTREIT.

Womöglich hätten sich die beiden diesen Streit sparen können, wenn Lena sich erfolgreich abgegrenzt hätte. Dann wäre sie auf den Spieleabend gegangen, sie hätte sich nicht in ihrer Freiheit beschnitten gefühlt und sich nach einem lustigen Abend vermutlich auf das Wiedersehen mit ihrem Freund gefreut.

Sie dürfen es ihrem Partner nicht vorwerfen, wenn Sie selbst nicht Nein sagen konnten. Eigene Grenzen und Bedürfnisse müssen Sie ihm aufzeigen. Er kann sie nicht von alleine kennen. Dafür tragen Sie ganz allein die Verantwortung. Natürlich kann es passieren, dass Sie ihren Partner das eine oder andere Mal enttäuschen, wenn Sie ihm eine Absage erteilen. Doch Sie werden sehen, dass er das aushalten kann und dass es die Beziehung weniger belasten wird, als wenn Sie ihre eigenen Bedürfnisse boykottieren. Tun Sie dies, werden Sie weder sich noch ihrem Partner gerecht. Wer möchte schon, dass der andere Zeit mit einem verbringt oder einem einen Gefallen erweist, weil er sich *verpflichtet* fühlt?

INNERE ABGRENZUNG

Während die *äußere Abgrenzung* darin besteht, dem Gegenüber die eigenen Grenzen und Bedürfnisse deutlich zu machen (sofern diese sich von denen des Gegenübers unterscheiden), geht es bei der inneren Abgrenzung weniger ums aktive Agieren. Es geht vielmehr um eine innere Einstellung, die uns ermöglicht, die Ansprüche des anderen nicht in uns eindringen zu lassen. Diese Einstellung ermöglicht uns, gelassen zu bleiben, wenn Verschiedenheiten in Meinung und Erwartung existieren. Wenn Menschen sich äußerlich sehr stark abgrenzen und äußerst empfindlich auf Wünsche oder Forderungen reagieren, ist dies häufig ein Zeichen dafür, dass ihre inneren Grenzen sehr wenig ausgeprägt sind. Sie reagieren deshalb so emotional, weil sie sich in Wirklichkeit zur Erfüllung jeder Erwartung verpflichtet fühlen. Erst dieses Verpflichtungsgefühl verursacht ein Sichaufbäumen und Rechtfertigen. Daher ist innere Abgrenzung häufig sogar schwieriger als äußere Abgrenzung, aber mindestens genauso wichtig.

Anselm Grün und Ramona Robben schildern in ihrem Buch eine klassische Situation, in der sich ein junges Paar sofort kontrolliert, beobachtet und zu bestimmten Verhaltensweisen gedrängt fühlt, wenn die Eltern zu

Besuch sind. Sie finden eine ganz treffende Formulierung dafür, welche Haltung in einer solchen Situation hilfreich ist:

„In einer solchen Konstellation ist es wichtig, sich innerlich abzugrenzen. Die Mutter und der Vater dürfen denken, was sie denken. Sie dürfen ihre Wünsche äußern und natürlich auch ihre Meinung haben. Ich muss mich darüber nicht aufregen. Ich kann es bei ihnen lassen. Wenn ich die Grenze zwischen mir und den Eltern klar ziehe, kann ich mit ihnen gut auskommen. Ich fühle mich nicht ständig in meiner Freiheit beschnitten. Ich entscheide, wann ich ihre Wünsche erfüllen möchte und wann nicht. Und ich stehe nicht unter Druck, sie von der Richtigkeit meiner Meinung überzeugen zu müssen. Ich habe mich abgegrenzt und respektiere die Begrenztheit ihrer Weise, die Welt zu betrachten und zu denken."[22]

Das gleiche Prinzip gilt auch für partnerschaftliche Beziehungen. Wird eine Forderung oder ein Wunsch an jemanden gerichtet, der nur schwache innere Grenzen hat, macht sich dieser den Wunsch des anderen sofort zu eigen. Vielen Menschen, insbesondere aktiven

---

[22] Robben, Ramona; Grün, Anselm: Grenzen setzen – Grenzen achten, S. 20.

Vermeidern, gelingt diese innere Abgrenzung in der Beziehung zum Partner nicht. Die Folgen sind innere Spannungen und latente Aggressionen. Die Forderung löst unmittelbar ein Verpflichtungsgefühl aus. Wenn unangenehme Gefühle auftreten, versuchen wir, sie zu bekämpfen. Einige Leute „lösen" diesen Konflikt, indem sie den Forderungen fast immer nachkommen, auch wenn dies nicht ihrer inneren Haltung entspricht. Ihre Entscheidung entspringt lediglich dem Bedürfnis, den Hausfrieden zu sichern. Andere Menschen wiederum reagieren aggressiv, wenn Wünsche oder Forderungen an sie gerichtet werden. Die Aggressionen sind ein Zeichen dafür, dass die Person in einen inneren Konflikt geraten ist. Sie möchte dem Wunsch nicht nachkommen, glaubt aber, dies zu müssen. Die Wut richtet sich dabei auf den anderen. Wir unterliegen dem Trugschluss, dass der andere uns schließlich in diese missliche Lage versetzt hat.

Gelingt es, den Abstand wiederherzustellen, kann man gelassener reagieren. Man kann sich sagen: „Mein Partner hat das Recht auf seine Wünsche, und er darf sie äußern. Ich muss und darf ihm deshalb nicht böse sein, denn ich habe die Freiheit, auf seine Wünsche einzugehen oder auch nicht. Ob ich dies tue oder nicht, obliegt ganz allein meiner Entscheidung. Ich nehme wahr, was der andere möchte, ohne mich dagegen zu wehren. Ich traue meinem Gespür, ob ich auf diesen Wunsch eingehen möchte oder nicht.

Ich darf mich frei fühlen, dem Wunsch des anderen nachzukommen oder mich davon zu distanzieren. Wenn ich mich innerlich frei fühle, muss ich mich nicht aufregen. Ich tue einfach das, was ich für richtig halte. Ich bin niemandem Rechenschaft schuldig."

MANIPULATIONSRESISTENZEN

Es gibt Menschen, die erreichen durch Manipulation, dass andere ihre Wünsche und Bedürfnisse erfüllen. Interessant ist, dass der Begriff Manipulation aus dem Lateinischen stammt und wörtlich übersetzt „Kunstgriff" bedeutet. Der Manipulierende nimmt also geschickt und gezielt Einfluss auf sein Gegenüber, ohne dass dieses ahnt, dass es gerade gezielt beeinflusst wird. Eine außerordentlich wirksame Manipulationsweise ist der Einsatz von Schuldgefühlen. Die allermeisten Menschen sind sehr empfänglich für diese Art der Manipulation, denn niemand mag sich gerne schuldig fühlen. Die Botschaft, die mehr weniger subtil kundgetan wird, besteht in der Enttäuschung oder Kränkung, die das Nichterfüllen des Wunsches zur Folge hätte. Eine offensichtliche Form der Schuld-Manipulation sind konkrete Drohungen: „Wenn du mich verlässt, tue ich mir etwas an.“ Manchmal wird anstatt einer Handlung auch „nur“ das Gefühl angedroht: „Wenn du Weihnachten nicht kämest, wäre ich schon sehr enttäuscht“, oder auch subtiler: „Wenn man sich nicht selbst um alles kümmert ...“ Meistens ist der Einsatz von Worten jedoch noch nicht einmal nötig. Wir wissen meist auch ohne Worte, was der andere von uns erwartet. Auch nonverbale Signale wie Gestik und Mimik, wie z. B. ein klagendes Stöhnen oder ein gequälter Blick, können eine Wirkung erzielen. Nicht zuletzt kann auch ein Schweigen sehr viel aussagen.

Das Geschickte an derartigen Schuld-Manipulationsweisen ist, dass sie die meisten Menschen an ihrer Achillesferse packen. Für die meisten Menschen ist es nur sehr schwer bis gar nicht aushaltbar, dass es dem anderen aufgrund des eigenen Handelns (oder Nichthandelns) schlecht gehen könnte. Der Manipulierende macht sich zum Opfer, dessen Zufriedenheit oder Unglück einzig vom anderen abhängt. Hilfreich ist an dieser Stelle ein Wechsel der Perspektive. Aus unserer Sicht sind Menschen, die gezielt

Schuldgefühle im anderen auslösen, um ihre Ziele zu erreichen, wesentlich mehr „Täter" als Opfer. Wir möchten nicht allen manipulierenden Menschen böswillige Absichten unterstellen. (Die meisten von ihnen sind sich noch nicht einmal darüber bewusst, dass sie manipulieren.) Unser Ziel ist es vielmehr, Sie zu ermutigen, sich selbstbewusst gegenüber Menschen abzugrenzen, die regelmäßig an ihr Gewissen appellieren, nur um ihre eigenen Ziele durchzusetzen. Denn auch dies ist eine Grenzverletzung und verleitet Sie dazu, gegen ihre eigentliche innere Überzeugung zu handeln. Anstatt der selbstkritischen Haltung „Mache ich den anderen zum Opfer meiner Rücksichtslosigkeit?" sollten abgrenzungsschwache Menschen auch häufiger einmal die Perspektive wechseln und sich fragen „Macht sich der andere selbst zum Opfer, um mich zu etwas zu bewegen?". Erst wenn ich letztere Fragestellung in Betrachtung gezogen habe, kann ich die Frage gegebenenfalls bejahen und mich erfolgreicher und ohne Schuldgefühle abgrenzen.

Insbesondere christlich geprägte Menschen halten das Gemeinschaftsideal hoch. Die Nächstenliebe ist für sie ein wichtiges Gebot, von dem sie glauben, es nicht ausreichend zu achten, wenn sie sich von den Bedürfnissen anderer abgrenzen. Wir finden es sehr erfreulich, dass Anselm Grün und Ramona Robben in ihrem Buch „Grenzen setzen – Grenzen achten“ (das wir ihnen wärmstens empfehlen können) ausdrücklich darauf hinweisen, dass Nächstenliebe nicht bedingungsloses Aufopfern bedeutet. Die beiden Autoren beschreiben sogar eine Bibelstelle, in der sich Jesus gegenüber einer verzweifelten Frau abgrenzt. Diese bittet ihn um Hilfe, ihre Tochter zu heilen, von der sie meint, sie wäre von Dämonen besessen. Doch Jesus erkennt, dass nicht die Tochter diejenige ist, die Heilung benötigt, sondern die Mutter. Jesus sieht, dass es die mangelnde Abgrenzung der Mutter gegenüber ihrer Tochter ist, die das aggressive Verhalten der Tochter hervorruft. Er grenzt sich ab und verweigert der Frau seine Hilfe, da er weiß, dass der Tochter nicht geholfen werden muss. Die beiden Autoren Grün und Robben sind selbst als geistliche Begleiter in einer Abtei tätig. Sie machen häufig die Erfahrung, dass sich die Menschen über das Verhalten von Jesus empören, der der Frau aufzeigt, warum ihre Tochter krank geworden ist, anstatt ihr zu helfen: „Die schroffe Abweisung Jesu gegenüber der hilfesuchenden Frau schockiert oder irritiert manche Bibelleser. Sie haben das Bild des allzeit zur Hilfe bereiten Jesus vor Augen und tun sich schwer, diese klare Abgrenzung Jesu zu verstehen. Sie verstehen die

Abgrenzung als Abweisung. Doch die Geschichte zeigt das Gegenteil: Gerade durch die Abgrenzung wird es eine heilsame Begegnung."[23] Indem Jesus sich von der Frau abgrenzt, kann diese „am Modell" etwas für eine erfolgversprechendere Beziehungsgestaltung mit ihrer Tochter lernen, denn, so Robben und Grün: „Die Beziehung zwischen Mutter und Tochter gelingt nur, wenn beide sich voneinander abgrenzen können. Natürlich bedeutet das keine absolute Abgrenzung. Die Tochter braucht die Mutter, um in der Begegnung mit ihr eine eigene Identität als Frau zu entfalten. Doch solange die Grenzen zerfließen, kann die Tochter ihre eigene Identität nicht finden. Die Unklarheit ist wie ein Dämon, der sich auf sie legt. Sie kommt nicht mehr mit sich zurecht. Und auch die Mutter weiß nicht mehr, wie sie mit der Tochter umgehen soll. Sie meint ihrerseits, die Tochter wäre vom Dämon besessen. In Wirklichkeit ist es nur die mangelnde Grenze, die zu dem Konflikt zwischen Mutter und Tochter führt."[24]

Die gleiche Aussage lässt sich unschwer auf unser Beziehungsthema übertragen. Abgrenzung gegenüber

---

[23] Robben, Ramona; Grün, Anselm: Grenzen setzen – Grenzen achten, S. 50.

[24] Ebd.

dem Partner kann auch in der Paarbeziehung eine heilsame Wirkung haben. Seine eigenen Grenzen aufzuzeigen, ist nichts, wofür man sich schuldig fühlen muss, und hat ebenso wenig mit dem Versagen von Nächstenliebe zu tun. Natürlich soll man keine Gleichgültigkeit für die Bedürfnisse und die Sorgen anderer anstreben. Doch soll man selbst entscheiden können, wie viel man gerade davon aufnehmen beziehungsweise wie viel man geben kann.

Ein abgegrenztes Nein bedeutet keine Ablehnung des anderen. Es ist vielmehr ein Angebot, sich auf eine Art und Weise in die Beziehung einzubringen, die Ihnen und dem anderen guttut.

INNERE HALTUNG STATT RECHTFERTIGUNGEN

Für abgrenzungsschwache Menschen ist es bereits ein großer Schritt, wenn sie ihrem Gegenüber mitteilen, dass sie ihm seinen Wunsch nicht erfüllen werden. Doch häufig ist es damit nicht getan. Es gibt viele grenzenlose Menschen, die ein Nein nicht akzeptieren können. Sie geben sich nicht so schnell geschlagen. Hat man dann keine klare Haltung, gerät man leicht (und meist zu

Unrecht) in eine unangenehme Rechtfertigungsposition. In einem solchen Fall hat man sich zwar äußerlich abgegrenzt, innerlich jedoch nicht. Grün und Robben schreiben hierzu (und berufen sich abermals auf Jesus): „Sobald wir uns rechtfertigen und unsere Abgrenzung begründen, haben wir den anderen schon über unsere Grenze hinweg vordringen lassen. Er ist schon in unserem inneren Bereich. Und wir meinen, wir könnten ihn nur durch weitere neue und bessere Begründungen aus diesem Bereich herausschieben. Jesus will uns etwas anderes zeigen: Ich brauche mich nicht zu rechtfertigen. Ich sage das, was ich für stimmig empfinde. Das genügt. Ich muss mich nicht unter Druck setzen, dass der andere mein Nein verstehen und für gut heißen muss. Ich habe Nein gesagt. Das genügt. Was der andere denkt, ist seine Sache. Darüber muss ich mir nicht den Kopf zerbrechen."[25]

Wenn wir zu den eigenen Grenzen stehen, besteht keine Notwendigkeit, aggressiv zu werden oder sich zu verteidigen. Dies kann einem viel Energie und Kraft ersparen. Um mir die Freiheit zu nehmen, selbst zu entscheiden, was gut und richtig ist, benötige ich den

---

[25] Robben, Ramona; Grün, Anselm: Grenzen setzen – Grenzen achten, S. 60.

Zugang und das Vertrauen in die innere Stimme. Diese Selbstsicherheit ermöglicht mir Klarheit und Ruhe – innerlich wie äußerlich. Unter Rechtfertigungsdruck gerät nur derjenige, der sich schuldig fühlt. Überprüfen Sie also stets ganz genau, woher das Verpflichtungsgefühl kommt. Oft ist es nicht leicht zu unterscheiden, ob es die innere Stimme ist, die an unser Gewissen appelliert, oder die eines anderen, die wir uns aber bereits zu eigen gemacht haben. Wichtig ist nur, dass Sie selbst ihr Denken und Handeln für stimmig halten. Ist dies der Fall, lassen Sie sich nicht dazu hinreißen, ihr Handeln zu begründen. Stellen Sie Ihrem Gegenüber doch lieber einmal eine Frage, anstatt auf seine Fragen zu antworten. Lassen Sie sich weder in die Enge treiben noch die Spielregeln von jemand anderem aufdiktieren. Es gibt Menschen, die akzeptieren kein Nein und keine Grenze. Sie versuchen, einem immer wieder ins Gewissen zu reden oder einen mit ihren Reaktionen unter Druck zu setzen. Dann gilt es, ihre Empörung auszuhalten. Es ist nicht Ihre Verantwortung, die Unzufriedenheit des anderen abzuwenden. Wenn Sie authentisch und ehrlich waren, haben Sie ihren Teil der Verantwortung bereits erfüllt.

Abgrenzung ist erlernbar. Zunächst einmal müssen Sie dafür ihre inneren Sensoren sensibilisieren, die Ihnen mitteilen, ab wann es für sie unangenehm wird. Orientieren Sie sich dabei nicht an den Grenzen anderer. Jeder Mensch hat individuelle Bedürfnisse und Grenzen. Ihre Richtline sollte dabei einzig und allein ihre Befindlichkeit sein.

Der nächste Schritt besteht darin, sich nach außen abzugrenzen.

Wenn jemand Ihnen beispielsweise am Telefon ein „Ohr abkaut" und Sie möchten das nicht länger ertragen, beenden Sie das Gespräch. Führen Sie es nicht weiter, weil Sie sich schuldig oder verpflichtet fühlen. Sagen Sie, dass Sie nun auflegen müssen. Natürlich muss jeder seinen individuellen „Abgrenzungsstil" selbst finden. Wenn Sie sich mit einer kleinen Notlüge, weshalb sie denn nun plötzlich auflegen müssen, wohler fühlen, ist das okay.

Aber auch Authentizität und Ehrlichkeit können einen enorm weiterbringen, und letztlich gilt: Für die eigenen Bedürfnisse und Grenzen braucht man sich nicht zu schämen. Wenn jemand Sie beispielsweise jedes Mal aufs Neue mit demselben uninteressanten Gesprächsstoff langweilt, ist es nicht verkehrt, ihm dies freundlich mitzuteilen: „Mensch Rainhard, ehrlich gesagt interessiere ich mich nicht so für Ornithologie. Aber mich würde interessieren, wie es bei dir gerade so bei der Arbeit läuft."

Selbstverständlich zieht man auch hier und da den Unmut anderer Menschen auf sich, wenn man nicht (mehr) allzeit verfügbar ist und sich nicht so verhält, wie andere es von einem erwarten bzw. gewohnt sind. Diese Angst ist der Grund, weshalb die wenigsten Menschen grundlegende Verhaltensänderungen wagen. Doch wer den Mut aufbringt, es trotzdem zu tun und die unliebsame Reaktion des anderen aushält und sich von ihr nicht aus der Ruhe bringen lässt, der wird wahre Freiheit und Selbstwirksamkeit erleben. Und vor allem wird er sich nicht mehr so schnell vereinnahmt fühlen. Grundsätzlich fällt es uns meistens schwerer, uns gegenüber Menschen abzugrenzen, die uns nahestehen und sich in Beziehungen wohler fühlen. Daher empfiehlt es sich, Abgrenzung auch in anderen Alltagssituationen zu üben, beispielsweise bei der Arbeit oder im Kontakt mit Menschen, die uns nicht so nahestehen wie der Partner.

Haben Sie deshalb auch einmal den Mut, z. B. ein „Bitte nicht stören“-Schild an ihre Tür zu hängen, wenn Sie ungestört arbeiten wollen.

Wenn Sie sich am Telefon von jemandem zu einer Entscheidung gedrängt fühlen und Ambivalenz verspüren, sagen Sie nicht einfach schnell „Ja“, um den anderen zufriedenzustellen. Sagen Sie: „Ich überlege es mir.“ Beenden Sie dann das Gespräch, und überlegen Sie sich in aller Ruhe, was Sie wollen. Nehmen Sie sich dafür die Zeit, die Sie benötigen. Falls Sie sich gegen die Bitte des anderen entscheiden, ist das okay. Teilen Sie es dem Gegenüber freundlich mit. Fügen Sie keine langen Erklären oder Rechtfertigungen hinzu.

Die eigene Abgrenzungsfähigkeit kann in vielen kleinen Einzelsituationen geübt werden. Häufig kann es auch hilfreich sein, sich Vorbilder bei der Arbeit oder im Bekanntenkreis zu suchen, die sich besser abgrenzen können als man selbst und deren Abgrenzungsstil dem eigenen am ehesten entspricht.

Überlegen Sie sich einmal in Ruhe, wann Sie das letzte Mal jemanden Ihre Grenze überschreiten ließen. Warum ließen Sie ihn gewähren? Welcher Glaubenssatz hinderte Sie daran, sich abzugrenzen? Was würden Sie nächstes

Mal anders machen? Welche neue innere Haltung ermutigt Sie, diese neue Verhaltensweise auszuprobieren? Solche und ähnliche Fragestellungen können helfen, das eigene Verhalten zu reflektieren, zu hinterfragen und neu zu überdenken.

ÄUßERER RÜCKZUGSRAUM

Menschen, deren Antennen überwiegend nach außen gerichtet sind, ist der Zugang zu den eigenen Bedürfnissen häufig erschwert. Dies ist besonders im Zusammensein mit anderen, insbesondere mit dem Partner, der Fall. Daher stellt der Rückzug eine Möglichkeit dar, wieder mit sich selbst in Kontakt zu kommen. Erst in der Distanz zum anderen kann die Nähe zu sich selbst entstehen. Aus diesem Grund ist bei bindungsängstlichen Menschen das Rückzugsbedürfnis besonders stark ausgeprägt. Befinden sie sich in einer Beziehung in der Rolle des aktiven Vermeiders, können sie dieses Rückzugsbedürfnis meistens deutlich spüren. Gelingt es, die inneren Grenzen und Bedürfnisse auch im Beisein des Partners bewusster wahrzunehmen und geltend zu machen, wird sich das Rückzugsbedürfnis verringern. Der aktive Partner wird nicht mehr auf seine

Angriffs- oder Fluchttaktiken zurückgreifen müssen. Doch so wichtig und förderlich innere Grenzen sind, sie können das Bedürfnis nach Eigenraum nicht ersetzen. Das Rückzugsbedürfnis ist ein menschliches Grundbedürfnis. Wird es über längere Zeit missachtet, entsteht unweigerlich Aggressivität. Dies ist auch bei Menschen ohne Bindungsangst der Fall. Jeder Mensch benötigt seinen Entfaltungsraum, um das tun zu können, was ihm wichtig ist. Kommt der andere ihm dabei zu häufig in die Quere, entstehen Konflikte. Bei vielen Paaren entspannt sich die Lage bereits, wenn sie für den Eigenraum feste Zeiten einplanen, beispielsweise ein oder zwei Abende in der Woche, die das Paar nicht gemeinsam verbringt, sondern jeder mit seinen geschätzten Freizeitaktivitäten. Solche Verabredungen können eine äußerst regulierende Wirkung auf das zumeist sehr plötzliche „Fluchtverhalten“ der aktiven Vermeider haben. Der *geplante* Freiraum ermöglicht ihnen *und* ihren Partnern, die Zeit für sich sinnvoll zu gestalten und sich nicht einfach „sitzen gelassen“ zu fühlen. Im Anschluss an solche geplanten Freiräume haben sich die Partner meist einiges von dem Erlebten zu erzählen und freuen sich wieder aufeinander. Die Harmonie ist wiederhergestellt.

INDIVIDUATION

Abgrenzung und Individuation gehen miteinander einher. Indem ich mich als individuelle Persönlichkeit mit meinen ureigensten Ansichten und Wesenszügen anerkenne, grenze ich mich vom anderen ab. Menschen, die mit ihrem Partner verschmelzen wollen, sind häufig daran gehindert, ihrer ureigensten Identität nachzuspüren. Von dieser Problematik betroffen sind oftmals die sehnsüchtigen, idealisierenden passiven Partner. Getrieben von Verlustangst sowie dem starken Wunsch, der Partner möge die heftigen Gefühle erwidern, passen sie sich seinen Wünschen und Vorlieben an und verlieren damit an Profil. Sie verlieren den Zugang zu ihrer inneren Stimme, sobald sie z. B. dem Meinungsdruck oder den Ansprüchen ihres Partners ausgesetzt sind. Auch dies ist ein Zeichen für *durchlässige* Grenzen. Die Anpassung geschieht ja nur deshalb, weil beispielsweise die Wünsche des Partners die Grenzen des verunsicherten Selbst durchdringen und sich wie ein Schatten über die eigenen Wünsche legen können, die dann nicht mehr richtig wahrgenommen werden. Wir haben dieses Phänomen zuvor als den Totstellreflex bezeichnet.

Ein weiteres Phänomen in bindungsängstlichen Beziehungen ist das „Fremdschämen“ (des aktiven Partners) für den (passiven) Partner. Ihm liegt ebenfalls die Problematik mangelnder Abgrenzung und Individuation zugrunde. Ein solches Fremdschämen erinnert an pubertierende Jugendliche, die sich für ihre Eltern schämen. Auf der Suche nach ihrer eigenen Identität ist dies ein wichtiger Prozess der Abgrenzung. Die Tatsache, dass die Eltern peinlich sind, zeigt jedoch deutlich, wie sehr sich die Pubertierenden noch mit den eigenen Eltern identifizieren. Würden sie sich und die Eltern als unterschiedliche, voneinander unabhängige Wesen wahrnehmen, wäre Fremdschämen nicht nötig. Dies ist erst nach Abschluss der Pubertät der Fall, wenn die Individuation vollständig erreicht ist. Auch Fremdschämen für den *Partner* ist meist als Zeichen unabgeschlossener Identitätsbildung anzusehen. Da die Grenzen zwischen mir und dem anderen unzureichend wahrgenommen werden, wird der Partner als Teil oder „Verlängerung“ der eigenen Persönlichkeit angesehen.

An dieser Stelle sei der Zusammenhang zwischen Grenzen und Individuation nur kurz angerissen. Aufgrund der großen Bedeutung des Zusammenhangs zu unserem Bindungsangstthema haben wir dem Thema

Identität und Individuation mit dem Kapitel **Selbstgefühl** ein eigenes Kapitel gewidmet.

SCHMERZGRENZEN

Wird ein Mensch immer wieder verletzt, sei es mit Worten, Taten oder gar körperlich, stellt dies ebenfalls eine Grenzverletzung dar, nämlich die unserer Schmerzgrenzen. Vielen Menschen, die in ihrer Kindheit auf diese Art verletzt wurden, ist das Gefühl für ihre Schmerzgrenze abhandengekommen. Weil sie in der Kindheit keine andere Möglichkeit hatten, sich zu wehren, blieb ihnen nichts anderes übrig, als sich an das Leiden zu gewöhnen. Die regelmäßigen seelischen Verletzungen sind für sie etwas Alltägliches geworden, etwas, von dem sie nicht wissen, dass es auch anders sein könnte oder sein *sollte.* Diese Menschen stecken eine Menge weg, denn wer es „gewohnt" ist, schlecht behandelt zu werden, erkennt darin nichts Absonderliches. Es erzeugt keine Wut. Ein weiterer häufiger Grund für das Fehlen der nötigen Aggressivität (der es bedarf, um sich zu wehren), besteht darin, dass zu diesem Gefühl kein Zugang besteht, da es in Anpassung an die Eltern abgespalten werden musste.

Oder aber in der Gegenwart besteht eine (zu) große Abhängigkeit vom Partner oder anderen Menschen. Aus Angst vor Verlassenheit tolerieren diese Menschen bewusst Verletzungen, die ihnen beispielsweise ihr Partner zufügt. Werden emotionale Verletzungen toleriert, bedeutet dies auch immer eine Verletzung der eigenen Integrität. Wenn Sie beispielsweise spüren, dass sich Ihr Partner nicht auf die Beziehung einlassen will und er Sie am ausgestreckten Arm emotional verhungern lässt, obwohl Sie ihm ausreichend Freiräume gewähren, kann dies ebenfalls eine Verletzung Ihrer Schmerzgrenze darstellen, vor der Sie sich schützen müssen. Wenn der Partner Sie betrügt oder belügt, verletzt er Sie damit ungemein. Tolerieren Sie nicht, dass man Ihnen wehtut. Setzen Sie auch diesbezüglich Grenzen. Die Abgrenzung ist dann erfolgreich, wenn Sie das Gefühl haben, dem anderen nicht mehr ausgeliefert zu sein. Es kann jedoch auch vorkommen, dass Sie Ihrem Partner Ihre Grenzen mitteilen und er sie dennoch überschreitet. In einem solchen Fall wird Ihre Schmerzgrenze erneut übergangen. Dann erfordert es stärkere Abgrenzungsmaßnahmen, und im Zweifelsfall hilft nur noch eine Trennung. Diesen Schritt sollte man nicht scheuen, auch wenn Trennungen immer schmerzhaft sind. Doch Beziehungen können *auch* schmerzhaft sein, und eine Trennung kann in einem solchen Fall regelrecht erlösend sein. Hier passt das Motto: „Lieber ein Ende mit Schrecken als ein Schrecken ohne Ende.“

GEFÜHLSBEWUSSTSEIN

„Das Schwierigste am Leben ist es, Herz und Kopf dazu zu bringen, zusammenzuarbeiten. In meinem Fall verkehren sie noch nicht mal auf freundschaftlicher Basis.“

Woody Allen

Im zweiten Teil dieses Buches haben wir beschrieben, dass die Fokussierung auf elterliche Bedürfnisse in der Kindheit dazu führen kann, dass dem späteren Erwachsenen der Zugang zum eigenen Bauchgefühl erschwert ist. Die Bedürfnis-Antennen mussten sich überwiegend nach außen orientieren anstatt nach innen (wohin sie in erster Linie gehören), um in der Erwachsenenwelt zu „überleben“. Dies wiederum kann beim späteren Erwachsenen zu einem ausgeprägten Freiheitssinn und zu einem Beziehungsverhalten führen, das wir üblicherweise als bindungsängstlich beschreiben. Bindungsängstliche Menschen haben deshalb ein so ausgeprägtes Bedürfnis nach Autonomie und Rückzug, weil auf diese Weise der Kontakt zu sich selbst leichter entstehen kann. Er schafft Raum zum Wahrnehmen eigener Bedürfnisse, Gedanken, Gefühle und Strebungen. Wenn es diesen Menschen gelingt, diesen Zugang trotz Bezogenheit zum anderen herzustellen, werden sie Beziehungen erfolgreicher gestalten können. Sie werden mehr Nähe in Paarbeziehungen zulassen können, wenn es ihnen gelingt, auch im Beisein des anderen die Wahrnehmung bewusst nach innen zu richten und danach zu handeln.

Es ist von unschätzbarem Wert, die eigene Innenwelt bewusster wahrzunehmen und zu diesem Wahrgenommenen eine wertschätzende Haltung aufzubauen. Die *Bewusst*werdung des *Selbst* ermöglicht *selbstbewussteres* Handeln, denn selbstbewusstes Handeln bedeutet, sich seiner selbst bewusst zu sein und dementsprechend zu handeln. Nur wer sich bewusst wahrnimmt, kann positiv auf sein Verhalten Einfluss nehmen. Selbstbewusstes Handeln bahnt den Weg für glückliche Beziehungen und beruflichen Erfolg und trägt auch zu dem bei, was wir häufig als Zufriedenheit und Lebensglück bezeichnen. Nicht umsonst beschäftigen sich viele Religionen, vor allem fernöstliche Glaubensrichtungen, mit dem Thema

Bewusstseinserweiterung. Es ist nicht verwunderlich, dass diese fernöstlichen Glaubensrichtungen in unserer westlichen Welt immer mehr Anhänger finden. In unserer schnelllebigen Welt werden ständig viele und hohe Anforderungen an uns gestellt. Wir sind so gefordert, auf die Ansprüche der Gesellschaft zu achten und zu reagieren, dass die Beachtung der Innenwelt viel zu häufig auf der Strecke bleibt. Auch die Autoren Ingeborg und Thomas Dietz schreiben in ihrem äußerst lesenswerten Buch „Selbst in Führung“: „Differenzierte Informationen über die eigene Innenwelt bekommt man nicht so nebenbei und ‚im Vorbeirauschen‘. Erst bewusstes und aufmerksames Schauen und Hinspüren machen den Unterschied. (...) Man entdeckt mehr bei sich, wenn man die Geschwindigkeit verringert, verlangsamt und beim Gegenwärtigen verweilt.“ Nur wer zu „bewusstem Hinspüren“ bereit ist und sich über die eigenen Bedürfnisse und Gefühle bewusst wird, lernt sich selbst kennen. Dies ist die Voraussetzung für Selbstbewusstsein und Beziehungsfähigkeit. Nur wenn ich weiß, was ich fühle, weiß ich wer, ich bin. Erst dadurch kann ich mich vom anderen bewusst unterscheiden und erfolgreich abgrenzen. Vermischen sich meine Gefühle und die des anderen hingegen, entsteht ein Emotionsbrei, in dem keiner mehr seinen eigenen Standpunkt findet. Wenn beide Partner von den Gefühlen des jeweils anderen durchdrungen sind, befinden sie sich in einem undurchsichtigen Chaos. Nur wenn ich deutlich spüre, wie ich zu etwas stehe, kann ich mich vom anderen abgrenzen – erst dann kann ich meine eigene Identität finden und werde unabhängiger. Erst wenn ich weiß, was ich will und was nicht, kann ich dies dem anderen authentisch kommunizieren.

Auch beim Treffen von Entscheidungen sind gute Selbstwahrnehmung und Selbstkenntnis von Vorteil, denn die allermeisten Entscheidungen werden zum Großteil vom emotionalen Erfahrungsgedächtnis getroffen. Wem jedoch der Zugang zu seinen Gefühlen erschwert ist, dem fällt auch das Treffen von Entscheidungen schwer.

AGGRESSIONEN UND GLÜCKSGEFÜHLE

Die meisten Säugetiere und auch die meisten kleinen Kinder haben im Unterschied zum erwachsenen Menschen noch einen unmittelbaren Zugang zu ihren Glücksgefühlen. Sie vermögen ihre Freude und

Begeisterungsfähigkeit noch förmlich mit dem ganzen Körper zum Ausdruck zu bringen. Heinz Peter Röhr erklärt, warum die Fähigkeit sich zu begeistern und zu starkem Enthusiasmus bei gesunden Kindern in den ersten Lebensjahren fast ungebrochen erhalten bleibt. Laut Röhr liegt dies daran, „dass Kinder in diesem Alter noch stark mit ihrem ‚wahren Selbst' verbunden sind, vorausgesetzt die Erziehung hat sie nicht zu früh zur Anpassung gezwungen"[26].

Die Gefühlswelt der Erwachsenen hingegen ist abgeklärter und nüchterner. Je früher und stärker eine derartige Anpassung an die Welt der Erwachsenen mit ihren Werten und Richtlinien erfolgen musste, desto stärker flachen die Gefühle des späteren Erwachsenen ab. Im Dienste der psychischen Abwehr haben diese Menschen gelernt, ihre unerwünschten Gefühle zu unterdrücken, um sie nicht mehr zu spüren. Die Folge ist nicht selten eine Veranlagung zu Depressionen, denn das Unbewusste kann nicht differenzieren, welche Gefühle es verdrängen soll und welche nicht. Und so werden alle Gefühle, auch die positiven wie Glück und Lebenslust, gleich mit unterdrückt. Das gezielte und bewusste Zulassen dieser „Schattenseite" in uns kann

[26] Röhr, Heinz-Peter: Vom Glück sich selbst zu lieben, S. 22.

hilfreich sein, uns von Ängsten und Depressionen zu befreien. Das Wiedererlangen dieser Gefühle erfolgt über das bewusste Zugeständnis. Wenn wir verdrängte Gefühle wie Ärger, Wut und Ablehnung zulassen, wird nicht nur der Zugang zu verdrängten positiven Gefühlen wiederhergestellt. Es wird uns beispielsweise auch gelingen, uns erfolgreicher abzugrenzen. Auch das Zulassen von Aggressionen ist für das Eintreten eigener Bedürfnisse elementar. Sie ermöglichen uns Selbstbehauptung, die eine der ganz zentralen Antriebskräfte für ein vitales Selbsterleben darstellt: Gefühle von Kompetenz und Erfolg. Erst mit der Selbstbehauptung wird auch die Individuation überhaupt erst möglich.

Eine weitere Methode, wie wir uns Glücksgefühle wieder konkret zugänglich machen können, besteht darin, uns dem sogenannten „Flow“ hinzugeben. Ein Zustand völliger Vertiefung und Glück, das wir empfinden, wenn wir völlig in einer Tätigkeit aufgehen. Die meisten Menschen erleben einen solchen Tätigkeitsrausch, wenn sie sich kreativ ausdrücken, also ihr Innerstes nach außen tragen, beispielsweise beim künstlerischen Gestalten, beim Musizieren oder Tanzen. Die Übereinstimmung von Innenleben und äußerem Tun versetzt uns beim Flow in einen Zustand, in dem Körper und Geist zu einer harmonischen Einheit zusammenfließen. Wenn wir schöpferisch tätig sind, fühlen wir uns weder über- noch unterfordert. Aufmerksamkeit ist in dem Maße gefordert, dass wir die Tätigkeit mühelos erledigen können und dabei so involviert sind, dass wir die Zeit vergessen. Paradoxerweise kommt es bei diesem Prozess des Sich-selbst-Erlebens zu einem Gefühl des Sich-selbst-Verlierens. In diesem besonderen Zustand sind wir eins mit uns selbst, genau richtig, wie wir sind. Und wir verfügen über einen optimalen Zugang zu unseren inneren Kräften, unseren Ressourcen (Fähigkeiten, Stärken, Erfahrungen, Wissen etc.), die wir dann ganz nach unseren Bedürfnissen und Zielen einsetzen können. Durch dieses ungezwungene, schöpferische Tätigsein kann ich mich als den Urheber meiner Taten erleben. Sodann erlebe ich ein Selbstgefühl, das mir hilft, Ängste, Zwänge und die Angst vor der Einsamkeit zu überwinden. Dieses Flow-Gefühl kann man nicht erzwingen, denn das würde dem Gefühl im Geiste widersprechen. Dennoch ist es möglich, diesem Zustand die Türen zu öffnen, indem man sich ungezwungen die Zeit und Muße nimmt, die die eigenen kreativen Ressourcen aufkeimen lassen. Der Flow ist tatsächlich die Art von Glück, auf die Sie Einfluss nehmen können.

DER WUNDE PUNKT

„Unsere Emotionen sind immer bei uns – aber wir selten bei ihnen."

Daniel Goleman

Gekränktheit und Gereiztheit sind sehr häufig Ursache von Streitereien. Derartige Reaktionen legen wir an den Tag, wenn jemand unseren wunden Punkt berührt. Je öfter dieser Punkt in der Vergangenheit getroffen wurde und je ähnlicher der gegenwärtige Auslöser zur früheren Erfahrung passt, desto stärker wird dieser Punkt angetriggert. Ein bestimmtes Thema, ein Reizwort oder ein bestimmtes Verhalten von jemandem empfinden wir dann so, als würde jemand „Salz in die Wunde streuen", da die Wunde aus der Vergangenheit offenbar noch recht wenig verheilt ist. Jeder Mensch hat andere wunde Punkte. Der eine wird wütend, weil er sich nicht gesehen und übergangen fühlt, der nächste wird ärgerlich, weil er sich nicht ernst genommen und immer noch wie ein Kind behandelt fühlt. Wird der wunde Punkt getroffen, hat uns das emotionale Thema im Griff. Wir sind nicht mehr Herr der Lage und stecken in einer automatischen Reaktion fest. Oft steigt uns die reine Wut zu Kopfe, wir „sehen Rot" oder stehen den Tränen nahe. Oder aber wir geraten in einen Redeschwall, um das Gegenüber von unserem Standpunkt, von dem wir finden, dass er nicht ausreichend beachtet wurde, zu überzeugen. Wer keine gute Selbstwahrnehmung hat, bekommt nämlich auch nicht mit, wenn er anderen über den Mund fährt, sie kränkt, unterbricht, unter Druck setzt, in die Enge treibt oder übergeht.

Das Entscheidende ist jedoch, dass wir, sobald jemand unseren sensiblen Punkt trifft, meistens zu unserer eigenen Unzufriedenheit reagieren. Letztlich bleiben wir doch alleine mit unseren starken Gefühlen und erreichen das Gegenteil von dem, was wir wollen. Das Bedürfnis nach besserer Selbststeuerung taucht vor allem dann auf, wenn man mit seinem bisherigen Handeln unzufrieden ist. Um bewusster steuern zu können, benötigt man guten Zugang zu den eigenen Gefühlen. Ebenfalls von Nutzen ist es, sich selbst gut zu kennen und um seine sensiblen Punkte und die zugrunde liegenden Konfliktthemen zu wissen. Erst dann können wir den nötigen Abstand zu auslösenden Situation herstellen.

Jedes psychische Symptom kann als Hilferuf der Seele verstanden werden, als würde sie einem mitteilen wollen, dass man sich auf der falschen Fährte befindet. Im Übrigen gilt dies auch für die meisten körperlichen Symptome. Doch viele Menschen versuchen, ihre Gefühle zu bekämpfen, zu ignorieren oder sich von ihnen abzulenken. Manche von ihnen versuchen gar, ihre Gefühle mit Hilfe von Drogen zu betäuben. Letztlich stellt jede Form der Sucht, ob Spiel-, Kauf-, Ess-, Sex- oder Alkoholsucht einen „Gefühlsbetäubungsversuch“ dar. Auch die Verdrängung erlaubt uns, bestimmte Gefühle zu „vergessen“, wodurch sie zu einem wichtigen Schutzmechanismus der Psyche wird. So verdrängen wir z. B. schmerzhafte Kränkungen, Verletzungen und belastende und ängstigende Gefühle, aber auch Strebungen, die in der Ursprungsfamilie als „böse“ oder gesellschaftlich nicht akzeptabel galten. Doch wenn wir unsere Konfliktthemen und die damit verbundenen Gefühle ignorieren, ist damit das Problem nicht endgültig gelöst. Denn das Verdrängte ist nicht für immer verschwunden. Abgeschoben ins Unterbewusstsein führt es dort quasi ein Eigenleben. Man könnte auch sagen, es treibt dort sein "Unwesen“.

Bildlich vorstellen können wir uns dies, wenn wir uns bestimmte unerwünschte Gefühle oder Persönlichkeitsanteile als kleine Wesen vorstellen, die wir aufgrund ihrer Unerwünschtheit in den Keller gesperrt haben. Unzufrieden über ihre Abschiebung und die stiefmütterliche Behandlung proben sie dort so lange den Aufstand und richten Unheil an, bis sie liebevoll angenommen und in die Gesamtpersönlichkeit integriert werden. Heinz-Peter Röhr schreibt über einen guten Umgang mit den eigenen Schattenseiten:

„Wir können es so verstehen, dass wir bei einer guten Beziehung zur eigenen Innenwelt davor geschützt werden, von bedrohlichen Inhalten aus dem Unbewussten überwältigt zu werden. Im Gegenteil wir werden unvorstellbar bereichert!“[27]

Doch wie soll uns etwas bereichern, was wir im Dienste des Selbstschutzes verdrängt haben? Die Antwort lautet: Weil wir die Ereignisse der Vergangenheit erst mit dem Wissen unseres Verstandes positiv beeinflussen können. Zu einer wirklichen Selbsterkenntnis gehört auch dazu, die eigenen Schattenseiten zu kennen. Ohne die Konfrontation mit den ungeliebten Selbstanteilen der

---

[27] Röhr, Heinz-Peter: Vom Glück sich selbst zu lieben, S. 48.

Persönlichkeit ist keine Lösung möglich. Gute Selbstwahrnehmung ist die Voraussetzung, nicht von den Gefühlen gesteuert zu werden, sondern selbst zu steuern. Die Bedeutung von Gefühlsbewusstsein ist daher für eine bessere Selbstregulierung kaum zu überschätzen.

Dieser Weg zu selbstbewussterem Handeln erfolgt in drei Schritten:

1. Bewusste Selbstwahrnehmung: Zunächst müssen die eigenen Grundkonflikte (wunde Punkte) und die automatischen emotionalen Reaktionen enttarnt werden.

2. Bewusste Selbstregulierung: Wurden diese offengelegt, wird man zukünftig nicht mehr so emotional reagieren. Bewusster gesteuerte und daher erfolgreichere Handlungsweisen sind dann möglich. Auf diese Art wird die Selbstwirksamkeit verbessert.

3. Die neu erlernten Handlungskompetenzen können zur Routine werden und ermöglichen

dauerhaft kompetenteres und erfolgreiches Gestalten von Beziehungen.

Entscheidend für jede positive Veränderung ist das Erkennen der eigenen problematischen Verhaltensmuster. Um diese hinderlichen Automatismen zu identifizieren und zu erforschen, ist es nützlich, den Lauf der Gedanken und Handlungen im Alltag zu beobachten.

Achtsamkeitsübungen können hilfreich sein, sich und die eigenen wunden Punkte besser kennen und verstehen zu lernen.

ACHTSAMKEIT

Was genau ist nun Achtsamkeit? Dr. Jon Kabat-Zinn erklärt: „Achtsamkeit ist eine tiefe Dimension von Bewusstheit, die wir schon besitzen. Aber wir sind so wenig mir ihr vertraut, dass sie uns in jenen Momenten unseres Lebens nicht zur Verfügung steht, in denen wir sie am meisten bräuchten.“[28]

---

[28] Kabat-Zinn, Jon: Achtsamkeit für Anfänger, S. 16.

Achtsamkeit heißt, das eigene gegenwärtige Erleben ganz genau wahrzunehmen, ohne es zu bekämpfen. Achtsamkeit bedeutet auch, langsamer zu werden. Dieses Innehalten unterbricht die automatische Reaktion, die häufig zu unerwünschtem Verhalten in zwischenmenschlichen Beziehungen führt. Wenn wir zunächst nach innen schauen, beobachten und differenziert wahrnehmen, was gerade passiert, wenn wir die dabei entstehenden Gefühle annehmen, anstatt sie zu bekämpfen, ist der Grundstein für bewusstes Entscheiden und Reagieren gelegt. Achtsamkeit ist auch das zentrale Thema des Buddhismus und der Zen-Meditation, die im 6. Jahrhundert in China entstand. Zen heißt, im Augenblick zu leben, ohne ihn zu beurteilen. Das beruhigt den Geist, ermöglicht, konzentriert zu handeln, nichts erreichen zu wollen und unabhängig von allem zu sein.

Im zweiten Teil dieses Buches haben wir beschrieben, wie wichtig Spiegelerfahrungen für Kinder sind. Der Erwachsene greift das Gefühl des Kindes auf und spiegelt es ihm zurück, ohne die Emotion zu bewerten. Dadurch lernt das Kind, sich selbst und die eigenen Gefühle zu verstehen. Bei negativen Gefühlen tritt dadurch die Beruhigung ein. Als Erwachsene können wir nun unserem inneren Kind seine Emotionen spiegeln und es auf diese Art und Weise beruhigen. Achtsamkeit ist damit zu vergleichen.

KÖRPERSIGNALE

Für Menschen, denen der bewusste Zugang zu den eigenen Gefühlen erschwert ist, kann es außerordentlich hilfreich sein, den Körper zu Rate zu ziehen. Er stellt häufig einen Spiegel der seelischen Befindlichkeit dar. Das Ehepaar Dietz vergleicht das Verhältnis von Kopf und Körper mit der Verbindung zwischen Bildschirm und Festplatte bei einem Computer:

„Die Daten, die er berechnet, kann man auch nicht direkt wahrnehmen. Es erfordert einen Bildschirm, um die Ergebnisse abzulesen. Und die Projektionsfläche, auf der die Emotionen abgebildet werden, ist der Körper. Seine Veränderungen sind relativ spezifischen emotionalen Zuständen zugeordnet. Das Gehirn braucht diese Spiegelung im Körper, um zu wissen, was das emotionale Erfahrungsgedächtnis gerade meint.“[29]

---

[29] Dietz, Ingeborg & Thomas: Selbst in Führung, S. 40.

Körperreaktionen treten in Erscheinung, noch bevor wir darüber nachdenken können. Den Grund hierfür finden wir in der Evolution. Als wir noch mit überraschenden Angriffen von Säbelzahntigern rechnen mussten, gab es nicht die Zeit, die Situation durch Nachdenken zu lösen. Blitzschnelle Körperreaktionen, die auf Angriff oder Flucht vorbereiteten, sicherten das Überleben. Während der Kampf- oder Fluchtreaktion veranlasst das Gehirn die schlagartige Freisetzung von Adrenalin, das Herzschlag, Körperkraft und Atmungsfrequenz erhöht. Diese bereitgestellte Kraftreserve liefert die Energie für das überlebenssichernde Verhalten. Eine solche Reaktion, die zwar der damaligen Stresssituation angemessen war, nützt dem modernen Menschen, dem zumeist daran gelegen ist, seine Probleme durch überlegtes Handeln zu lösen, herzlich wenig. Im Gegenteil, denn das Blut wird überwiegend in die Muskulatur gepumpt und kann somit dem Gehirn nicht zur Verfügung stehen. Längerfristiger Stress führt zu einem erhöhten Cortisolspiegel und zur Unterdrückung der Immunabwehr. Eine erhöhte Infektanfälligkeit kann die Folge sein.

Doch zwischen Körper und Seele bestehen weit mehr Zusammenhänge, weshalb es hilfreich ist, Körpersignale zu beobachten und Rückschlüsse über die Befindlichkeit zu ziehen. Nicht umsonst spiegelt sich dieser Zusammenhang auch in unserem Sprachgebrauch in Form von Redewendungen wider. Im Folgenden haben wir einige für Sie zusammengestellt. Diese Fragen können Sie zur Selbstreflexion nutzen.

Kopf	Bereitet Ihnen etwas Kopfzerbrechen? Brummt Ihnen der Schädel vielleicht, weil Sie jemand vor den Kopf gestoßen hat? Haben Sie etwas zähneknirschend hingenommen? Haben Sie schon einmal mit den Ohren geschlackert?
Hals	Haben Sie jemanden (oder etwas) am Hals? Wollen Sie sich jemanden (oder etwas) vom Hals schaffen? Haben Sie einen Kloß im Hals? Hängt Ihnen etwas zum Halse heraus?
Lunge/Atem	Schnürt Ihnen etwas die Kehle zu? Raubt Ihnen etwas (jemand) die Luft zum Atmen? War etwas für Sie atemberaubend?
Haare/Haut	Finden Sie etwas (oder jemanden) haarsträubend/zum Aus-der-Haut-Fahren?

	Geht Ihnen etwas unter die Haut?
Schultern/Nacken	Sitzt Ihnen jemand (oder etwas) im Nacken? Spüren Sie die Faust im Nacken? Haben Sie den Schalk im Nacken? Tragen Sie eine schwere Last auf den Schultern? Oder nehmen Sie die Dinge auf die leichte Schulter?
Rücken	Ist Ihnen etwas eiskalt den Rücken hinuntergelaufen? Ist Ihnen jemand in den Rücken gefallen? Hat Ihnen etwas das Rückgrat gebrochen? Hat Ihnen etwas/jemand den Rücken gestärkt?
Muskulatur	Sind Sie angespannt/zittrig? Hat Sie jemand oder etwas geschwächt?
Bauch Magen Verdauung	Stimmt Ihr Bauchgefühl? Ist Ihnen etwas auf den Magen geschlagen? Liegt Ihnen etwas schwer im Magen? Stößt Ihnen etwas sauer auf/sind Sie sauer? Haben Sie ‚Schiss‘?

Herz/ Herz-Kreislauf	Haben Sie etwas auf dem Herzen? Haben Sie sich etwas zu Herzen genommen? Ist Ihnen das Herz in die Hose gerutscht? Ist Ihnen ein Stein vom Herzen gefallen/leicht ums Herz geworden? Kochen Sie vor Wut?
Leber/Nieren	Wurden Sie auf Leber und Nieren geprüft? Ging Ihnen etwas an die Nieren? Ist Ihnen eine Laus über die Leber gelaufen? Konnten Sie sich etwas frei von der Leber weg reden?
Popo	Mussten Sie den Hintern zusammenkneifen? Haben Sie Hummeln im Hintern? Ist Ihnen der A... auf Grundeis gegangen?
Beine/Füße	Haben Sie weiche Knie bekommen? Haben Sie kalte Füße gekriegt? Ist Ihnen etwas durch Mark und Bein gegangen?

Die Selbstreflexion erfolgt in drei Schritten: 1. Nehmen Sie achtsam mögliche Signale des Körpers wahr. 2. Fragen Sie sich, welches seelische Leiden für diese Symptome ursächlich sein kann. 3. Fragen Sie sich, was Sie tun können, um Ihren emotionalen Zustand zu verbessern. Tun Sie dies und beobachten Sie, ob sich Ihr körperliches Leiden mit dem emotionalen Befinden ändert.

Unser Körper bildet nicht nur ab, wie wir uns innerlich fühlen, sondern das Prinzip funktioniert auch umgekehrt: Wir können auch unsere innere Befindlichkeit über den Körper regulieren. So können zum Beispiel eine Berührung, eine Massage, eine heiße Badewanne oder eine Tasse Tee „Balsam für die Seele" sein. Manchmal kann es auch schon wohltuend sein, einfach einmal tief durchzuatmen oder sich in der Auseinandersetzung mit einem anderen Menschen „gerade" zu machen. In diesem Zusammenhang passt wohl auch das Zitat von Winston Churchill: *„Man soll* dem *Leib etwas Gutes bieten, damit* die *Seele Lust hat, darin* zu *wohnen."*

GEFÜHLSDIFFERENZIERUNG

BERTA: „HERRMANN?"
HERMANN: „JA?"
BERTA: „WAS MACHST DU DA?"
HERMANN: „NICHTS!"
BERTA: „NICHTS? WIESO NICHTS?"
HERMANN: „ICH MACHE NICHTS!"
BERTA: „GAR NICHTS?"
HERMANN: „NEIN."
BERTA: „ÜBERHAUPT NICHTS?"
HERMANN: „NEIN, ICH SITZE HIER!"
BERTA: „DU SITZT DA?"
HERMANN: „JA."
BERTA: „ABER IRGENDWAS MACHST DU DOCH!"
HERMANN: „NEIN."
BERTA: „DENKST DU IRGENDWAS?"
HERMANN: „NICHTS BESONDERES."
BERTA: „ES KÖNNTE JA NICHT SCHADEN, WENN DU MAL ETWAS SPAZIEREN GINGEST!"
HERMANN: „NEIN, NEIN."
BERTA: „ICH BRINGE DIR DEINEN MANTEL!"
HERMANN:""NEIN, DANKE."
BERTA: „ABER ES IST ZU KALT OHNE MANTEL!"
HERMANN: „ICH GEH JA NICHT SPAZIEREN."
BERTA: „ABER EBEN WOLLTEST DU DOCH NOCH!"
HERMANN: „NEIN, DU WOLLTEST, DASS ICH SPAZIEREN GEHE!"
BERTA: „ICH? MIR IST ES DOCH VÖLLIG EGAL, OB DU SPAZIEREN GEHST!"
HERMANN: „GUT."
BERTA: „ICH MEINTE NUR, ES KÖNNTE JA NICHT SCHADEN, WENN DU MAL SPAZIEREN GINGEST!"
HERMANN: „NEIN, NEIN, SCHADEN KÖNNTE ES NICHT."

BERTA: „ALSO WAS WILLST DU DENN NUN?“
HERMANN: „ICH MÖCHTE HIER SITZEN!“
BERTA: „DU KANNST EINEN JA WAHNSINNIG MACHEN!“
HERMANN: „ACH.“
BERTA: „ERST WILLST DU SPAZIEREN GEHEN, DANN WIEDER NICHT. DANN SOLL ICH DEINEN MANTEL HOLEN, DANN WIEDER NICHT. WAS DENN NUN?“
HERMANN: „ICH MÖCHTE HIER SITZEN!“
BERTA: „UND JETZT MÖCHTEST DU PLÖTZLICH DA SITZEN!“
HERMANN: „GAR NICHT PLÖTZLICH. ICH WOLLTE IMMER NUR HIER SITZEN!“
BERTA: „SITZEN?“
HERMANN: „ICH MÖCHTE HIER SITZEN UND MICH ENTSPANNEN!“
BERTA: „WENN DU DICH WIRKLICH ENTSPANNEN WOLLTEST, WÜRDEST DU NICHT DAUERND AUF MICH EINREDEN!“
HERMANN: „ICH SAG JA GAR NICHTS MEHR!“
BERTA: „JETZT HÄTTEST DU DOCH MAL ZEIT, IRGENDWAS ZU TUN, WAS DIR SPAß MACHT!“
HERMANN: „JA.“
BERTA: „LIEST DU WAS?“
HERMANN: „IM MOMENT NICHT!“
BERTA: „DANN LIES DOCH MAL WAS!“
HERMANN: „NACHHER, NACHHER VIELLEICHT!“
BERTA: „HOL DIR DOCH DIE ILLUSTRIERTEN!“
HERMANN: „ICH MÖCHTE ERST NOCH ETWAS HIER SITZEN.“
BERTA: „SOLL ICH SIE DIR HOLEN?“
HERMANN: „NEIN, NEIN. VIELEN DANK.“
BERTA: „WILL SICH DER HERR AUCH NOCH BEDIENEN LASSEN, WAS? ICH RENNE DEN GANZEN TAG HIN UND HER. DU KÖNNTEST WOHL EINMAL AUFSTEHEN UND DIR DIE ILLUSTRIERTEN HOLEN!“
HERMANN: „ICH MÖCHTE JETZT NICHT LESEN!“
BERTA: „MAL MÖCHTEST DU LESEN, MAL NICHT.“
HERMANN: „ICH MÖCHTE EINFACH HIER SITZEN.“
BERTA: „DU KANNST DOCH TUN, WAS DIR SPAß MACHT!“

HERMANN: „DAS TUE ICH JA!“
BERTA: „DANN QUÄNGEL DOCH NICHT DAUERND SO RUM!“
BERTA: „HERMANN?“
HERMANN: „-„
BERTA: „BIST DU TAUB?“
HERMANN: „NEIN, NEIN.“
BERTA: „DU TUST EBEN NICHT, WAS DIR SPAß MACHT. STATTDESSEN SITZT DU DA!“
HERMANN: „ICH SITZE HIER, WEIL ES MIR SPAß MACHT!“
BERTA: „SEI DOCH NICHT GLEICH SO AGGRESSIV!“
HERMANN: „ICH BIN DOCH NICHT AGGRESSIV!“
BERTA: „WARUM SCHREIST DU MICH DANN SO AN?“
HERMANN (SCHREIT JETZT): „ICH SCHREI DICH NICHT AN!“

AUS LORIOTS „ICH WILL EINFACH NUR HIER SITZEN“

Viele Schwierigkeiten in Beziehungen entstehen deshalb, weil die beteiligten Personen nicht richtig zwischen den Emotionen, die in ihnen vorgehen, und denen, die im anderen vorgehen, differenzieren können. Menschen mit durchlässigen Grenzen lassen die Emotionen des anderen so stark in sich eindringen, dass sie zu ihren eigenen werden oder dass sie – wie im Fall von Berta und Hermann – meinen, dass die eigenen Bedürfnisse zum anderen gehören. Durch eine solche Vermischung von Emotionen fließt alles zusammen zu einem undurchsichtigen Chaos. Man weiß gar nicht mehr, wo man selbst aufhört und der andere anfängt, welche die eigenen Strebungen sind und an welcher Stelle die des anderen in einen hineingeflossen sind. In einer solchen Situation ist es hilfreich zu erkennen, was von außen in uns hineingeströmt ist. Erst dann, wenn ich gut mit meinem Innenleben in Berührung bin, kann ich mich abgrenzen. Ich beschließe dann, die Stimmung des anderen nicht mehr in mich eindringen zu lassen. Ich erinnere mich innerlich an die Worte: „Ich lasse die negativen Gefühle des anderen nicht in mich hinein. Sie sind sein Problem, und deshalb kann ich sie bei ihm lassen. Ich bleibe bei mir und schütze mich vor unangemessenen Forderungen des anderen und seiner Negativität."

Manchmal (wie im Fall von Berta und Hermann) entsteht die Vermischung von Gedanken und Gefühlen durch Projektion und Übertragung. Wir projizieren eigene Wünsche, Gedanken, Meinungen und Gefühle in den anderen hinein und unterstellen ihm fälschlicherweise, es wären seine Gedanken. Oder wir übertragen Erfahrungen, die wir mit anderen Menschen in der Vergangenheit gemacht haben, auf unser Gegenüber und ziehen deshalb falsche Rückschlüsse. Aufgrund dieser Erfahrungen aus der Vergangenheit denken wir unser Weltbild, beispielsweise das Werte- und

Menschenbild unserer Eltern, in den Partner (und andere Menschen) hinein.

Dieses Phänomen und seine Auswirkungen möchten wir anhand einer berühmten plastischen (und zugegebenermaßen etwas übertriebenen) Geschichte für Sie greifbar machen. Es handelt sich dabei um „Die *„Geschichte mit dem Hammer“* aus Paul Watzlawicks „Anleitung zum Unglücklichsein“:

„EIN MANN WILL EIN BILD AUFHÄNGEN. DEN NAGEL HAT ER, NICHT ABER DEN HAMMER. DER NACHBAR HAT EINEN. ALSO BESCHLIEßT UNSER MANN, HINÜBERZUGEHEN UND IHN AUSZUBORGEN. DOCH DA KOMMT IHM EIN ZWEIFEL: ‚WAS, WENN DER NACHBAR MIR DEN HAMMER NICHT LEIHEN WILL? GESTERN SCHON GRÜßTE ER MICH NUR SO FLÜCHTIG. VIELLEICHT WAR ER IN EILE. ABER VIELLEICHT WAR DIE EILE NUR VORGESCHÜTZT, UND ER HAT ETWAS GEGEN MICH. UND WAS? ICH HABE IHM NICHTS ANGETAN; DER BILDET SICH DA ETWAS EIN. WENN JEMAND VON MIR EIN WERKZEUG BORGEN WOLLTE, ICH GÄBE ES IHM SOFORT. UND WARUM ER NICHT? WIE KANN MAN EINEM MITMENSCHEN EINEN SO EINFACHEN GEFALLEN ABSCHLAGEN? LEUTE WIE DIESER KERL VERGIFTEN EINEM DAS LEBEN. UND DANN BILDET ER SICH NOCH EIN, ICH SEI AUF IHN ANGEWIESEN. BLOß WEIL ER EINEN HAMMER HAT. JETZT REICHT'S MIR WIRKLICH.‘ UND SO STÜRMT ER HINÜBER, LÄUTET, DER NACHBAR ÖFFNET, DOCH NOCH BEVOR ER ‚GUTEN TAG‘ SAGEN KANN, SCHREIT IHN UNSER MANN SCHON AN: ‚SIE KÖNNEN IHREN HAMMER BEHALTEN, SIE RÜPEL!‘“[30]

[30] Watzlawick, Paul: Anleitung zum Unglücklichsein, S. 37 f.

Etwas Ähnliches spielt sich häufig in Partnerschaften ab. Eigenbild und Fremdbild, aber auch Erfahrungen, die wir mit anderen Menschen oder auch demselben Menschen in der Vergangenheit gemacht haben, beeinflussen, was wir aus einer Aussage heraushören. So glauben wir zu wissen, was der Partner denkt und fühlt und reagieren entsprechend. Dabei müssen wir, wie uns die Geschichte mit dem Hammer zeigt, nicht unbedingt richtig liegen, und dann beschuldigen wir den anderen zu Unrecht. Menschen, die in ihrer Kindheit von ihren Eltern emotional vereinnahmt wurden, reagieren häufig deshalb so gereizt auf den Wunsch des Partners nach Nähe, weil sie dahinter die starke, erdrückende Bedürftigkeit vermuten, die sie von ihrer Mutter kennen (und fürchten) gelernt haben. Doch diese Übertragungs- und Projektionsphänomene spielen sich auch ständig in den kleinsten Alltagssituationen ab und sorgen dort für Missverständnisse und Kränkungen. Auch unsere wunden Punkte sorgen dafür, dass wir neutralen Aussagen oder Fragen des Partners eine (andere) Deutung oder Wertung beimischen. Es lohnt sich, solche „Beziehungsfallen" aufzuspüren und gezielt zu hinterfragen. Welche Gefühle, Befürchtungen, Ängste gehören hier zu wem? Welche Botschaft hat für wen welche Bedeutung?

Wenn beispielsweise ein Mann seine Frau fragt: „Was sind das denn für gelbe Dinger in der Suppe?“, kann man sich überlegen, was er seiner Frau damit sagen will. Eine Frau, die in der Vergangenheit viel kritisiert wurde, wird diese Frage vielleicht als versteckte Kritik empfinden. Sie denkt sich dann: „Er mag keine Pastinaken, die Suppe schmeckt ihm nicht. Anscheinend findet er, dass ich nicht kochen kann.“ Deshalb reagiert sie mit einer (Gegen-)Attacke und antwortet: „Wenn du mein Essen nicht magst kannst du ja nächste Woche kochen.“

Eine Frau, der in der Vergangenheit viel Wertschätzung für ihre Kochkünste oder auch generell im Leben entgegengebracht wurde, wird die Frage nach „den gelben Dingern in der Suppe“ möglicherweise als positives Interesse deuten. Sie wird dem Mann vielleicht mitteilen, in welchem Laden sie das Gemüse erworben hat. Sie geht davon aus, dass es ihm besonders gut schmeckt und er das Rezept gerne einmal nachkochen möchte.

Vielleicht wollte der Mann aber weder Wert- noch Geringschätzung ausdrücken, sondern nur Neugierde oder Konversation. Für die Entflechtung von Alltagsmissverständnissen kann es außerordentlich hilfreich sein, wenn wir uns bemühen, uns möglichst auf den Sachinhalt der Botschaft zu konzentrieren. Natürlich sollten wir weiterhin unserer Intuition trauen, denn manchmal liegen wir ja auch richtig in der Annahme, dass uns jemand etwas „durch die Blume“ mitteilen will. Dennoch sollten wir zunächst abwägen, ob uns nicht unser wunder Punkt zu einer bestimmten Deutung veranlasst. Das kann uns viele anstrengende Missverständnisse und Kommunikationsprobleme ersparen. Und sollten wir tatsächlich einmal einem „Durch-die-Blume-Angreifer“ fälschlicherweise positive oder neutrale Absichten unterstellen – umso besser! Mit einer gelassenen Haltung nehmen wir ihm den Wind aus den Segeln und haben uns gleichzeitig erfolgreich von seiner Negativität abgegrenzt.

SELBSTGEFÜHL

Für viele Menschen ist die eigene Selbstliebe eng an die Bestätigung von außen geknüpft. Sie glauben der Selbstliebe durch Streben nach gesellschaftlicher Anerkennung, nach Status, Reichtum, Attraktivität und Macht oder durch die Bewunderung des Partners näherzukommen. „Dabei wird ein fundamentaler Fehler begangen, denn das Problem der Selbstliebe ist ein gänzlich *inneres* Problem und lässt sich folgerichtig auf Dauer nicht durch äußere Umstände lösen"[31], wie Hans-Peter Röhr es treffend formuliert.

Viele Menschen versuchen, die mangelnde Selbstliebe durch die Liebe und Wertschätzung eines Partners zu kompensieren. Wenn dann die Liebe des Partners abhandenkommt, diese Menschen betrogen oder verlassen werden, werden sie meistens von heftigen Gefühlen der Wertlosigkeit und Minderwertigkeit überwältigt. Auch das geringschätzige Verhalten sowie das Angriffs- oder Fluchtverhalten des aktiven Partners werden von Menschen mit Selbstwertproblemen auf die eigene Unzulänglichkeit zurückgeführt. Sie bestimmen den „Wert" der eigenen Person anhand dessen, wie viel Wertschätzung und Anerkennung andere ihrer Person beimessen. Sobald der Partner ihnen seine Zuneigung und Bewunderung entzieht, zweifeln sie an ihrer Liebenswürdigkeit. Für Menschen in einer solchen Situation ist es von sehr großer Wichtigkeit, sich bewusst zu machen, dass sie immer gleich wertvoll sind. Ob der Partner Sie gerade anhimmelt oder geringschätzt, ändert nichts daran, wer Sie sind. Sie waren vorher, als der Partner Sie noch umworben hat, die gleiche Person wie

---

[31] Röhr, Hans-Peter: Vom Glück sich selbst zu lieben, S. 56.

auch jetzt. Wenn sich etwas an seinen Gefühlen verändert hat, hat dies mit Sicherheit mehr mit ihm zu tun als mit Ihnen.

Erinnern wir uns an das, was wir über Kinder wissen, deren Eltern ihnen nicht ihre bedingungslose Liebe zuteilwerden lassen konnten. Diese Kinder suchen als Begründung für die mangelnde Elternliebe den Fehler bei sich. Wenn Sie nicht geliebt werden, wie sie sind, zweifeln sie daran, okay zu sein. Menschen, die diese Erfahrung gemacht haben, tragen intensive Gefühlsrepräsentanzen in sich. Diese Gefühle von Minderwertigkeit tauchen im Erwachsenenalter insbesondere dann auf, wenn die auslösende Situation und die damit einhergehenden Gefühle den Kindheitserlebnissen sehr ähneln. Wenn der Partner einem die Liebe versagt, ist dies eine sehr ähnliche Situation. Die Verlassenen oder Geringgeschätzten nehmen das Desinteresse des Partners zum Anlass, sich selbst einmal kritisch unter die Lupe zu nehmen. Vermeintliche Mängel werden gesucht und gefunden. Und so beginnt ein innerer Selbstabwertungsmonolog in einer Weise, wie man mit einer anderen Person niemals sprechen würde: „Kein Wunder, dass XY das Interesse verloren hat. Ich bin halt nicht so attraktiv/gebildet/intelligent/humorvoll/interessant/sel bstbewusst … und XY hat das nun auch gemerkt und das Weite gesucht. Ich habe ihn vergrault, kein Wunder."

Wer sich selbst nicht wertschätzt, scheut nicht davor zurück, sich selbst derlei Beleidigungen an den Kopf zu werfen. Doch dieser Selbsthass bringt einen weder weiter noch macht er einen glücklicher oder zufriedener. Vielmehr ist das Gegenteil der Fall. Die zentrale Frage, die sich daraus ableitet, ist, wie man derartige Denkmuster überwindet und in Selbstachtung und Selbstwertschätzung verwandelt.

Sich selbst mit Haut und Haaren, innerlich wie äußerlich zu lieben, ermöglicht Unabhängigkeit von der Liebe durch den Partner. Doch Selbstliebe setzt zunächst einmal voraus, sich selbst in allen Facetten zu kennen. Menschen, die sich in ihrer Kindheit zu sehr an ihre Umwelt anpassen mussten, waren gezwungen, diese Selbsterforschung zugunsten der Anpassung an Gesellschafts- und Familienwerte zu opfern. Doch die Erforschung des eigenen Selbst kann auch noch im Erwachsenenalter nachgeholt werden. Betrachten Sie ihr Innenleben quasi als Forschungsobjekt. Ihr Bewusstsein übernimmt die Rolle des Forschers, der zunächst einmal eine beobachtende Rolle einnimmt.

AUTHENTIZITÄT UND IDENTITÄT

„Der heutige Mensch lebt in der Illusion, er wisse, was er wolle, während er in Wirklichkeit nur das will, was er nach Ansicht der anderen wollen sollte. Um das einzusehen, muss man sich darüber klar werden, dass es nicht – wie die meisten meinen – verhältnismäßig einfach ist zu wissen, was man will, sondern dass es sich dabei um eines der schwierigsten Probleme handelt, die der Mensch zu lösen hat."

Erich Fromm

In diesem Abschnitt möchten wir zunächst einmal klären, was Identität und Authentizität bedeuten und welche unschätzbare Bedeutung authentisches Leben, Denken und Handeln für die Verbesserung der Bindungsfähigkeit haben. In den vorigen Kapiteln haben wir geschildert, wie groß die Angst bindungsängstlicher Menschen vor Vereinnahmung ist. Ihre Angst davor ist tatsächlich deshalb so groß, weil sie von klein auf darauf programmiert wurden, sich vereinnahmen zu lassen, und zwar ohne es zu merken. Der erste fundamentale Schritt des Gegensteuerns besteht darin, sich dessen bewusst zu werden, und der nächste, zwischen den

Ansprüchen anderer und eigenen Bedürfnissen differenzieren zu können. Authentisch zu leben, bedeutet dann, diesen ureigensten Bedürfnissen entsprechend zu handeln. Nicht davon zu trennen ist ein Gefühl für die eigene Identität. Die Identität eines Menschen entsteht durch die Eigentümlichkeiten und Wesenszüge, die ihn von anderen Menschen unterscheiden. Nur derjenige, der um seine ureigensten Gefühle und Bedürfnisse und um seine Identität weiß, kann authentisch handeln. Wer sich selbst kennt, dessen Handeln kann in seiner Person selbst begründet sein und wird nicht durch äußere Einflüsse bestimmt. Erstaunlicherweise handeln die meisten Menschen in den allermeisten Alltagssituationen nicht authentisch, obwohl sie sich dessen nicht bewusst sind. Der Psychoanalytiker und Sozialpsychologe Erich Fromm beobachtete dieses Phänomen genau und formulierte es einmal wie folgt: „Meistens wird angenommen, die Menschen seien Individuen, denen es freistehe zu denken, zu fühlen und zu handeln, wie es ihnen beliebt. (...) Jeder Einzelne ist auch der aufrichtigen Überzeugung, dass er ‚er' ist und dass seine Gedanken, Gefühle und Wünsche die ‚seinen' sind. Obwohl es auch unter uns eigenständige Persönlichkeiten gibt, so ist diese Meinung doch in den allermeisten Fällen eine

Illusion."[32] Kann es sein, dass wir Ansichten vertreten, die nicht unserem eigenen Geiste entsprungen sind, und Gefühle empfinden, die keineswegs unsere eigenen sind? Es ist genau das, was uns zunächst die Erziehung und später die Gesellschaft beibringt: stets freundlich zu sein und zu lächeln, die Menschen kritiklos zu lieben. Ein Nichterfüllen dieser Erwartungen ist nicht erwünscht und wird entsprechend geahndet. Und so werden Freundlichkeit, Heiterkeit und Höflichkeit zur automatischen Reaktion, ob man sich danach fühlt, spielt keine Rolle mehr. Natürlich merkt man häufig durchaus, dass es sich dabei nur um eine Geste handelt. Doch oft genug machen wir uns diesen Unterschied zwischen aufgesetzter und echt gefühlter Freundlichkeit nicht klar. In diesem Zusammenhang spricht Fromm von „Pseudo-Gefühlen", Gefühle, von denen wir denken, dass sie in uns entsprungen sind, was aber tatsächlich nicht der Fall ist.

Wir alle differenzieren in den allermeisten Alltagssituationen nicht zwischen echtem Gefühl und Pseudo-Gefühl. Bei bindungsängstlichen Menschen aber vermischen sich äußere Erwartungen mit inneren noch stärker Zumeist handelte es sich bei ihnen um

---

[32] Fromm, Erich: Authentisch leben, S. 89.

Menschen, die als Kinder eben diese Ureigenheiten nicht entdecken durften oder ablegen mussten, weil diese nicht erwünscht waren. Somit wurden sie an der Entwicklung einer ureigenen Identität gehindert. Ihnen wurde vermittelt, dass das Ausleben ihrer Eigenart im Widerspruch zu Zugehörigkeit und Wertschätzung stehen, zwei unverzichtbare Bedürfnisse des Kindes. Und diese Bedürfnisse sind für ein Kind so unverzichtbar, dass es auf die Individuation zugunsten der Anpassung verzichten wird. Durch die Verdrängung von ureigenen Gefühlen und Bedürfnissen kommt es letztlich dazu, dass die eigene Identität verleugnet wird. Doch damit nicht genug. Die Erziehung wirkt in vielen Fällen nicht nur darauf hin, dass das Kind bestimmte Gefühle und Persönlichkeitsanteile verdrängen und verleugnen muss. Meistens ist uns dieses selbstentfremdete Verhalten so in Fleisch und Blut übergegangen, dass wir gar nicht mehr merken, dass wir fremdgesteuert handeln. Dies ist dann der Fall, wenn wir uns die Erwartungen anderer tatsächlich so zu eigen gemacht haben, dass wir die Gefühle oder die Gedanken des anderen für unsere eigenen halten. Wenn jemand sagt „Ich finde …“ oder „Ich denke …“ und dann eine Meinung äußert, die er in der Zeitung gelesen hat, sagt er keineswegs, was er wirklich denkt. Dennoch ist er der tiefen Überzeugung, dass es sich dabei um seine eigenen Gedanken handelt. „Von Anfang an läuft unsere Erziehung darauf hinaus, das Kind am selbstständigen Denken zu hindern und ihm fertige Gedanken in den Kopf zu setzen.“[33] Neben Pseudo-Gefühlen beschreibt Fromm also auch „Pseudo-Gedanken“ und ganze „Pseudo-Identitäten“. Sie entstehen dann, wenn Menschen den Mut zu selbstständigem Denken und eigenen Entscheidungen verlieren, sofern dies durch die Erziehung von Anfang an beeinträchtigt wurde. Wie sehr sich die meisten von uns anpassen, kann man sich plastisch vor Augen führen, wenn man kleine Kinder beobachtet, solange diese noch über ihre natürliche Eigenheit verfügen. Sie sprechen so ziemlich alles ehrlich aus, was sie denken und fühlen, wünschen und nicht wollen. Sie sind noch voller Neugier, sie wollen die Wahrheit wissen und die Welt begreifen. Doch allzu häufig werden sie nicht ernst genommen, was man ihnen entweder durch offensichtliche oder subtile Herablassung deutlich macht.

Letztendlich verhalten sich die allermeisten Menschen in den meisten Alltagssituationen nicht, wie sie sich fühlen oder nach dem, was sie wirklich denken, sondern vielmehr so, wie es von ihnen erwartet wird. Erziehung

---

[33] Fromm, Erich: Authentisch leben, S. 73.

und Gesellschaft haben uns so sehr darauf programmiert, dass uns daran gar nichts Ungewöhnliches mehr auffällt. Wir haben gelernt, uns so zu geben, wie es sich „schickt", anstatt so, wie wir sind. Wir haben gelernt „Ja, gerne" zu sagen, auch wenn wir nicht wollen, oder überhaupt etwas zu sagen, wenn uns eher nach Schweigen ist. Doch noch problematischer, als entgegengesetzt der eigenen Bedürfnislage zu handeln, ist es, wenn man bereits der Ansicht ist, authentisch zu handeln, obwohl man es gar nicht tut. Wenn nun der Mensch gar nicht mehr differenzieren kann, welche Akte des Denkens, Fühlens und Wollens seine ureigensten sind und welche er sich in Anpassung an Erziehung und Gesellschaft zu eigen gemacht hat, die er aber auch für seine eigenen hält („Pseudo-Akte"), so führt dies schließlich dazu, dass die ursprüngliche Identität durch eine Pseudo-Identität ersetzt wird. Diese Pseudo-Identität oder auch „Pseudo-Selbst" wird von Fromm als eine Art Stellvertreter des ursprünglichen Selbst beschrieben, „der die Rolle spielt, die man von ihm erwartet, der aber dies im Namen des Selbst tut. Freilich kann jemand auch viele Rollen spielen und subjektiv überzeugt sein, in jeder dieser Rollen ‚er' zu sein. Tatsächlich aber ist er in allen diesen Rollen das, wovon er glaubt, dass man es von ihm erwartet, und bei vielen

Menschen, wenn nicht gar bei den meisten, wird das ursprüngliche Selbst vom Pseudo-Selbst völlig erstickt"[34]. Wirklich zu wissen, was *wir* wollen, scheint so überaus schwierig zu sein, dass wir unbewusst ständig vermeiden, es herauszufinden. Offenbar ist es viel einfacher, vorgegebene Ziele und Handlungen zu akzeptieren, als wenn es die eigenen wären.

Diese Anpassung geschieht aber nicht nur an elterliche oder gesellschaftliche Erwartungen, sondern später auch in Übertragung gegenüber Vorgesetzten, Freunden, dem Partner und auch sonst allen möglichen Menschen, mit denen man im Alltag zu tun hat. Wenn wir uns beispielsweise auf einer Geburtstagsparty befinden oder auf einem gesellschaftlichen Empfang, verhalten wir uns zumeist nicht so, wie wir uns fühlen. Nach außen hin plaudern, lächeln und amüsieren wir uns, auch wenn wir in Wirklichkeit gelangweilt sind oder uns nicht besonders gut fühlen. Wenn wir die Party dann verlassen und allein sind, weicht unser allzeit freundliches Gesicht einem neutralen oder vielleicht auch einem traurigen Ausdruck. Wenn uns dann auf dem Weg ein anderer Partygast begegnen und uns fragen würde, wie es uns gefallen hat, dann würden wir wieder lächeln und betonen, wie

[34] Fromm, Erich: Authentisch leben, S. 108.

prächtig wir uns amüsiert haben – und glauben dies manchmal wirklich. In letzterem Fall ist uns nicht einmal mehr bewusst, dass unsere Heiterkeit nicht *unsere* Heiterkeit ist, weil wir so daran gewöhnt sind, in jeder Situation das zu empfinden, was man gerade von uns erwartet.

Wenn sich der Mensch an äußere Erwartungen anpasst, tut er dies aus einer tiefen Angst vor Zurückweisung und Ablehnung. Der Wunsch, geliebt und akzeptiert zu werden, veranlasst uns unbewusst dazu, uns an die elterlichen Erwartungen anzupassen. An die Stelle der elterlichen Erwartungen treten später die gesellschaftlichen Erwartungen und die des Partners. Dies geschieht automatisch und keineswegs bewusst. Menschen mit Bindungsängsten tun dies aufgrund ihrer Vorerfahrung in besonders intensivem Ausmaß. Ihr Selbst wurde so geschwächt, dass sie stark verunsichert sind. Letztlich ist es gerade die unbewusste Verleugnung *eigener* Bedürfnisse zugunsten der (vermeintlichen) Wünsche des Partners, die über kurz oder lang dazu führt, dass die Nähe zum Partner nicht mehr ertragen werden kann. Wenn wir aber wieder lernen, zwischen eigenen Bedürfnissen und denen des Partners zu differenzieren, zu den eigenen Strebungen zu stehen und sie in der Partnerschaft zu kommunizieren, können wir unsere Bindungsfähigkeit verbessern.

ANPASSUNG UND IDENTITÄTSVERLUST

Die Verleugnung ureigenster Wesenszüge, Strebungen, Wünsche und Ziele fordert große Opfer, setzt diese Selbstentfremdung doch den Selbstverlust und damit auch den Verlust der ureigensten Identität voraus. Ist die ureigenste Identität erst einmal „verloren" gegangen, wird im Inneren nichts mehr zu finden sein, was den Wesenskern ausmacht. Umso dringlicher wird es, sich anzupassen und etwas Identitätsstiftendes im Außen zu suchen. Für ein stark verunsichertes Selbst gibt es viel mehr Sicherheit, etwas Identitätsstiftendes im Außen als im Inneren zu suchen. Mit identitätsstiftend meinen wir etwas, worüber wir selbst und andere die eigene Persönlichkeit definieren können. Ein solches Phänomen findet man beispielsweise bei Fans von Popmusikern, die sich so stark mit ihrem Idol identifizieren, dass sie versuchen, es mit allen Mitteln der Kunst zu imitieren. Von ihrer eigenen Persönlichkeit bleibt dann kaum noch etwas übrig. Es ist der Wunsch nach Zugehörigkeit und Akzeptanz, der stark verunsicherte Menschen dazu veranlasst, die eigene unerwünschte Persönlichkeit gegen eine Pseudo-Persönlichkeit einzutauschen. Menschen, denen vermittelt worden ist, nicht okay zu sein, mussten bei unangepasstem Verhalten Zurückweisung, also die Verweigerung der Zugehörigkeit fürchten. Für sie steht die eigene Identität im Widerspruch zur Zugehörigkeit. So kommt es, dass eine tiefe Unsicherheit und Angst das zwanghafte Bedürfnis nach Konformität zur Folge hat. In der Konformität sehen sie eine Möglichkeit, den Widerspruch zwischen Identität und Zugehörigkeit zu überbrücken. Das eigene Identitätsgefühl besteht dann darin, dass man sich mit einer Gruppe identifiziert. Als Bausteine eignet sich vornehmlich alles, was gesellschaftlich akzeptiert wird oder von der jeweiligen Subkultur, zu der man gehören will, vorgegeben und erwünscht ist. Das ungeschriebene „Zugehörigkeitsprotokoll" eines Fussballfanclubs sieht beispielsweise die Farbe der Kleidung in den Mannschaftsfarben vor. Die Uniformierung geschieht in jeglicher Art: Die eigene Stimme verschwimmt beim Anfeuern mit denen der Fankollegen zu einem Chor, die Bewegung der Masse zu einer La-Ola-Welle. Nur dass die Anhänger dies nicht als Opfer empfinden, sondern vielmehr als Befreiung von der Last herauszufinden, was sie im Innersten ausmacht. Und so wird die

Vereinsanhängerschaft, in der man sich nur noch ordnungsgemäß einfügen und regelkonform anpassen muss, zum Teil der eigenen Identität. Das kompensatorische Aneignen von Scheinidentitäten mangels eigener Identität findet aber auch ständig in sehr vielen Situationen des Alltags statt. Aus Mangel an Eigenart wird sich etwas zu eigen gemacht und als Identität „verkauft".

SELBSTENTFREMDUNG IM ALLTAG

Wofür die Erziehung den Grundstein legt, wird durch die Erwartungen der heutigen Gesellschaft, die uns eine Menge abverlangt, fortgesetzt. Um beruflich erfolgreich und gesellschaftlich anerkannt zu sein, müssen wir uns möglichst gut „verkaufen". Es zählt nicht, was uns im Wesenskern ausmacht, sondern ob wir mit bestimmten Attributen auftrumpfen können. Verfügen wir nicht über die von der Gesellschaft anerkannten Eigenschaften, wie Jugend, Attraktivität, Durchsetzungsvermögen, Bildung und „Coolness", dann müssen wir uns eben so vermarkten, als wenn dies doch der Fall wäre. Wir inszenieren unsere Persönlichkeit so, wie es gefällt, und verschleiern bestmöglich die unerwünschten vermeintlichen „Makel“, die unsere Persönlichkeit eigentlich ausmachen. Wir stülpen uns regelrecht eine Rolle über, die wir spielen, bis wir sie so gut eingeübt haben, dass wir meinen, wir „wären“ diese Rolle. Wir verleugnen unser Selbst aus der Notwendigkeit heraus, unsere Persönlichkeit zu „verkaufen“. Doch laufen wir in unserem täglichen Leben nicht nur Gefahr, unsere Identität und unsere Persönlichkeit zu verlieren, sondern auch unser Selbstwertempfinden, wenn dieses einzig und allein davon abhängt, wie gut ich diese Rolle spiele und damit den anderen gefalle. Das macht mich nicht nur unendlich abhängig, sondern erhöht die Bereitschaft zur Anpassung und Selbstverleugnung. Wenn ich keine wahre Identität besitze, gibt es „kein Selbst außer dem Spiegelbild dessen, was andere von mir erwarten: ‚Ich bin ‚wie du mich haben willst‘‘“[35]. Der sichere Weg, sich in die eigene Unglückseligkeit zu stürzen.

Menschen mit Bindungsangst sind häufig besonders und noch mehr als andere von dieser Selbstentfremdung betroffen. Da sie in der Kindheit stark vereinnahmt wurden, sind ihre Sensoren kaum nach innen gerichtet, sondern stark nach außen orientiert und darauf „programmiert“, die Bedürfnisse anderer zu erfüllen und

[35] Fromm, Erich: Authentisch leben, S. 81.

ihren Erwartungen gerecht zu werden, sodass sie ihr ureigenes Inneres kaum mehr wahrnehmen. Ihre eigenen Gefühle und Gedanken waren nicht gewünscht, und die Angst vor Zurückweisung, wenn die eigenen Strebungen geäußert wurden und mit denen der Bezugspersonen kollidierten, zwang sie zur Anpassung. Bindungsängstliche Menschen sind daher prädestiniert, sich die Bedürfnisse anderer zu eigen zu machen und zu erfüllen. Die Selbstentfremdung, also die Entfremdung von ureigensten Wesenszügen, Bedürfnissen, Gefühlen und Gedanken, ist für sie etwas so Alltägliches und so Selbstverständliches, dass es ihnen nicht einmal auffällt, wenn sie „fremdmotiviert" handeln.

Doch jedes Verleugnen der eigenen Identität verursacht im Menschen ein tiefes Unbehagen. Wenn aber die Betroffenen diesen Zusammenhang nicht verstehen, und sich vielleicht auch gar nicht über das Verleugnen der eigenen Charakteristika, Bedürfnisse und Gefühle bewusst sind, dann suchen sie die Verantwortung für die entstandenen Unwohlgefühle im Außen. Sodann wird der Partner verantwortlich gemacht und in bindungsängstlicher Manier auf Abstand gehalten. Wer nicht aus freien Stücken agiert, wird sich gezwungen und genötigt fühlen und darüber wütend werden. Bei dem, der nicht authentisch, sondern aus einem zu eigen gemachten Zwang heraus handelt, entstehen Widerstände und Protesthaltungen. Die Selbstentfremdung in der Partnerschaft geschieht in so vielen kleinen Minisituationen, die so unbedeutend erscheinen, dass es kaum auffällt. Doch wer ständig unbewusst den Bedürfnissen des Partners entsprechend handelt, bei dem wird es nicht lange dauern, bis er sich unbehaglich und unfrei fühlt. Als Auslöser für dieses Gefühl von Unfreiheit wird dann fälschlicherweise der Partner zur Verantwortung gezogen, von dem sich der Betroffene eingeengt und in seiner Freiheit beschnitten fühlt. Doch die eigentliche Ursache für dieses Gefühl ist nur im Inneren zu finden. Wer sich innerlich frei fühlt, braucht die Freiheit nicht im Außen zu suchen und kann sich voller Liebe auf seinen Partner einlassen.

„Dass ein Leben aus einem inszenierten Selbst nicht glatt und bruchlos möglich ist, verdanken wir vor allem aber unserer Psyche, die zum Glück und für viele leidvoll erfahrbar nicht alles mit sich machen lässt“[36], schreibt Rainer Funk in seinem Vorwort zu „Authentisch leben“. Was er damit meint, ist Folgendes: Wenn wir nicht authentisch leben, fangen wir an, auf irgendeine Art zu leiden. Dieses Leiden kann sich sowohl in psychischen

---

[36] Vorwort zu „Authentisch leben“ von Erich Fromm.

Symptomen (wie in Gefühlen von Depression, innerer Leere, Phantasielosigkeit, Ohnmacht, Antriebslosigkeit und Langeweile) als auch in körperlichen Symptomen äußern. Manchmal nehmen wir derartige Unstimmigkeiten auch lange nicht wahr, weil auch sie aus unserem Bewusstsein verbannt werden. Sie werden manchmal erst dann spürbar, wenn unser inszeniertes Selbst Schwächen zeigt und nicht mehr „gut funktioniert“. Seelische und körperliche Unwohlgefühle weisen uns darauf hin, dass wir gegen unser Naturell handeln. Ihnen gilt es, ganz besondere Aufmerksamkeit zu widmen. Wenn sich bindungsängstliche Menschen in ihrer Paarbeziehung nicht mehr wohlfühlen, ist dies häufig ein Anzeichen dafür, dass es Ihnen nicht gelungen ist, ganz bei sich zu bleiben. Das Bedürfnis, den Partner fortzustoßen oder ihn zumindest auf Abstand zu halten, entspringt einem nicht authentischen, sondern angepassten und entfremdeten Selbst. Wenn der aktive Vermeider immer wieder die Liebe zu seinem Partner verliert, ist dies die Folge der Selbstentfremdung in der Partnerschaft.

„Ob wir uns dessen bewusst sind oder nicht, es gibt nichts, dessen wir uns mehr schämen, als nicht wir selbst zu sein, und es gibt nichts, was uns glücklicher macht, als das zu denken, zu fühlen und zu sagen, was wirklich unser Eigentum ist."

Erich Fromm

Um zu wahrer Authentizität und Identität zurückzufinden, ist es von außerordentlicher Wichtigkeit, zwischen dem echten Gefühl, das in uns selbst entstanden ist, und dem Pseudo-Gefühl, das in Wirklichkeit nicht unser eigenes ist (auch wenn wir es dafür halten), zu differenzieren.

Authentisch leben bedeutet, die innere Stimme in jedem Moment wahrzunehmen, ihr zuzuhören und Beachtung zu schenken und vor allen Dingen nach ihr zu handeln. Wem es schwerfällt, die innere Stimme zu hören, dem wird es leichter fallen, sie wahrzunehmen, wenn er mit sich allein ist. Dann sind die Sensoren nicht durch äußere Reize in Form von anderen Menschen und ihren Erwartungen abgelenkt und können sich somit leichter nach innen richten. Für „Ungeübte" kann beispielsweise ein einsamer Waldspaziergang sehr hilfreich sein, um

Selbsterkenntnisse zu erlangen. Mit etwas mehr Übung fällt es dann auch leichter, die eigenen Strebungen im Zusammensein mit dem Partner zu erkennen. Der Weg zu Identität und Authentizität besteht darin, das ganz Ureigenste (Gedanken, Gefühle, Meinungen, Strebungen und Widerstrebungen) in jeder noch so kleinen Situation wahrnehmen zu können und neugierig zu betrachten. Selbstakzeptanz kann dann entstehen, wenn man das Wahrgenommene nicht negativ bewertet. Betrachten Sie auch, inwieweit sich ihr Gefühl und ihre Meinung vom anderen unterscheiden, denn dadurch kommen Sie der Erkennung ihrer Eigenheit näher. Tun Sie dies aber, ohne das bei sich Festgestellte zu den eigenen Ungunsten zu bewerten.

Wahre Identität und Authentizität bedeuten auch, sich unabhängig vom Urteil anderer zu machen. Selbstwertschätzung bedeutet, die ureigensten Charakteristika (Anschauungen, Wahrnehmungen, Fähigkeiten, aber auch Unzulänglichkeiten) deshalb zu lieben, weil sie einen zu einem Individuum machen. Ohne Eigenheiten keine Identität. Diese Einstellung kann auch hilfreich sein, wenn man von außen kritisiert wird und die Kritik möglicherweise auch auf einen wunden Punkt gestoßen ist. Für Menschen, denen es schwerfällt, ihr Ureigenstes im Inneren zu finden, kann Kritik von außen geradezu hilfreich sein, denn das Kritisierte weist ja schließlich darauf hin, dass es sich um eine (kostbare!) „Eigenheit" handelt, die sie von anderen unterscheidet und sie dadurch ein wenig mehr zu einem Individuum macht.

Auch Fromm ist der Ansicht, dass authentisches Agieren seinen Ursprung im eigenen „Sein" und nicht im „Haben" und „Aneignen" hat. Es bedeutet, zu sagen und zu tun, was man im tiefsten Inneren als stimmig empfindet, fernab von äußeren Erwartungen oder logisch-rationalen Erklärungen, bzw. alles andere zu unterlassen. Es bedeutet auch, nicht aus einem Verpflichtungsgefühl heraus zu handeln. Es kann hilfreich sein, sich bei vielen kleinen oder größeren Alltagshandlungen zu fragen: „Warum mache ich das? Warum habe ich das gerade gesagt?" Wenn Sie sich selbst dann antworten hören: „Weil XY sonst enttäuscht wäre", oder: „Weil XY das erwarten könnte", wissen Sie, dass Sie im Begriff sind, fremdgesteuert, aber nicht authentisch zu agieren. Auch wenn Zugehörigkeitswünsche uns veranlassen, etwas zu sagen oder zu tun, was nicht mit unserer inneren Haltung übereinstimmt, handeln wir nicht authentisch. Wie oft setzen wir ein freundliches Lächeln auf, das nicht von Herzen kommt, sondern den gesellschaftlichen

Konventionen entspricht? Wir fühlen gar nicht erst in uns hinein, wir tun, was man von uns erwartet. Wie oft stimmen wir dem Partner zu und sagen, ohne zu überlegen: „Ja klar, Schatz, können wir so machen“, ohne überhaupt in uns hineinzufühlen, ob wir das wirklich wollen? Selbstverständlich erfordert das Leben in einer Gemeinschaft immer Kompromisse, hier und da müssen wir eine Maske aufsetzen, um nicht völlig anzuecken. Doch es macht einen Unterschied, wenn wir uns dessen bewusst sind. Wenn wir die Maske bewusster aufsetzen, fühlen wir uns weniger vereinnahmt, fremdgesteuert und angestrengt. Die Kunst authentischen Lebens besteht letztendlich darin, den Unterschied zwischen dem, was pure Fassade ist, und dem, was echt ist, unterscheiden zu können. Nehmen Sie sich die Zeit, um in sich zu gehen, bevor sie sich verhalten. Und lernen Sie, wieder zwischen Pseudo-Gefühlen und echten Gefühlen zu unterscheiden, indem sie bewusster in sich hineinfühlen. Der nächste Schritt besteht dann darin, den eigenen Bedürfnissen entsprechend zu agieren. Genau das bedeutet selbstbewusstes Handeln. Wer ehrlich zu sich ist und sich auch nach außen hin entsprechend verhält, dem kann es passieren, dass sein Handeln dem anderen, also beispielsweise dem Partner, nicht gefällt. Von

Menschen, die die Ablehnung des anderen fürchten, erfordert dies viel Mut. Doch derjenige, der diesen Mut aufbringt, wird viel gewinnen. Seine Angst vor Vereinnahmung wird nachlassen, und er wird zudem zu seiner ureigensten Identität finden.

Auch von Tieren und kleinen Kindern, die noch in direktem Kontakt zu ihren Gefühlen und Bedürfnissen stehen, können wir lernen, was es bedeutet, authentisch zu sein. Mit ihrem Verhalten bzw. ihren Worten („Kindermund tut Wahrheit kund“) äußern sie direkt und unmittelbar, was sie empfinden. Angst, Ablehnung, Trauer und Unlust verbergen sie nicht. Ihre Echtheit kann uns selbstentfremdeten Erwachsenen ein grober Leitfaden sein.

UNABHÄNGIGKEIT

Die eigene Unabhängigkeit ist für eine Partnerschaft unmittelbar notwendig, um das Bedürfnis nach Eigenraum des Partners leichter akzeptieren zu können. Nur wenn beide Partner sich und dem anderen den Freiraum gewähren, der notwendig ist, um mit sich selbst in Kontakt zu kommen, wird es beiden leichter fallen, eingeschwungen zu bleiben, ihr Herz offenzuhalten und die Liebesgefühle fließen zu lassen. Wenn das Bedürfnis nach Eigenraum nicht respektiert wird und sich ein Partner erdrückt und überflutet fühlt, kann hingegen das Gegenteil passieren. Dann werden bald einmal Wut, Angriffs- oder Fluchtimpulse auftauchen, die die Liebesgefühle überdecken. Vielleicht wird sich einer der Partner ernsthaft fragen, ob er in dieser Beziehung bleiben will. Unabhängigkeit und Eigenraum beider Partner ermöglichen den Atemraum, den beide Partner benötigen. Erst durch diesen Atemraum kann das Liebesgefühl immer wieder neu aufkeimen, und emotionales Einschwingen und konstruktives Kommunizieren werden möglich. Je unabhängiger wir sind, umso weniger werden wir das Bedürfnis des Partners nach Eigenraum als bedrohlich erleben und umso seltener wird es Verlassenheitsängste auslösen.

Autonomie ermöglicht uns, mit dem Partner zusammen zu sein, weil wir ihn lieben und nicht, weil wir ihn brauchen. Dann kann ein positiver Sog hin zu Gefühlen von Freude, Lust, Kraft und Leichtigkeit entstehen. Gemeinsame Projekte, Kommunikation, Sexualität und überhaupt alles in der Beziehung läuft leichter.

Das Gefühl, unabhängig zu sein und auf eigenen Beinen stehen zu können, emotional, lebenspraktisch und finanziell, verleiht einem zusätzlich ein Gefühl der Unerschütterlichkeit. Wenn ich weiß, dass ich mich an den eigenen Haaren „aus dem Sumpf ziehen“ und mich stets auf mein eigenes Gefühl, meinen Willen und meine Kraft verlassen kann, verleiht mir dies nicht nur echtes Selbstwertgefühl, sondern hat eine äußerst anziehende Wirkung auf meinen Partner. (Wobei Letzteres nicht als Hauptmotivation treibend sein sollte, sondern allenfalls als erfreulicher Nebeneffekt!) Den Weg zu mehr Unabhängigkeit von Ihrem Partner möchten wir Ihnen in den folgenden Abschnitten aufzeigen.

AKTIV UND SELBSTWIRKSAM EINFLUSS NEHMEN

Man kann auf verschiedene Arten, zum Beispiel auf finanzielle oder emotionale Art, von seinem Partner abhängig sein. Manche meinen, in ganz praktischen Alltagsangelegenheiten auf ihren Partner angewiesen zu sein, z. B. in Angelegenheiten, die handwerkliches Geschick, Körperkraft oder technisches Knowhow erfordern. Andere Menschen sind besonders abhängig von dem Beifall oder Wohlwollen ihres Partners oder anderer Menschen im Allgemeinen. Auch dies ist eine Form der Abhängigkeit. Der erste Schritt aus der Abhängigkeit, und es ist dabei wirklich egal, um welche Art der Abhängigkeit es sich handelt, besteht darin, die eigenen Glaubenssätze zu überdenken und zu verändern. Abhängigkeit beinhaltet immer den Glaubenssatz: „Ich brauche meinen Partner. Ich kann nicht ohne ihn."

Häufig sind diese Glaubenssätze zu festen Bestandteilen und verlässlichen Weggefährten geworden. An ihnen zu rütteln, bedeutet zunächst einmal für viele Menschen Verunsicherung. Doch die Veränderung lohnt sich, und Sie werden sich ewig dankbar dafür sein, eine neue Art der Selbstbetrachtung gewagt zu haben.

Wenn die eigenen Eltern in der Erziehung aufgrund eigener Bedürftigkeit, Ängstlichkeit oder mangelnden Einfühlungsvermögens die Autonomieentwicklung gebremst haben, wirkt sich dies nachhaltig schädlich auf unsere Selbstständigkeit und unser Selbstwertgefühl aus. Wir haben dann stets vermittelt bekommen, dass wir dies und jenes nicht alleine können und auf unsere Eltern angewiesen sind. Dieses Bild, das uns unsere Eltern vermittelt haben, lassen wir dann zu unserem eigenen werden. Obwohl wir längst erwachsen geworden sind, fühlen wir uns von anderen abhängig, unsicher und nicht alleine lebensfähig. Wir haben das Gefühl, immer jemanden – einen Partner – an unserer Seite haben zu müssen, um in dieser Welt zurechtkommen zu können. Wenn aber das eigene Wohlbefinden so stark davon abhängt, dass wir nicht alleine sind, dann sind wir bereit, bei der Partnerschaft große Kompromisse einzugehen. Unsere Bereitschaft, Verletzungen hinzunehmen oder in einer Beziehung zu bleiben, aus der schon längst die Luft heraus ist, erhöht sich, denn eine Trennung ziehen wir lieber nicht in Erwägung. Sie würde einem Sturz ins Bodenlose gleichkommen. Um sich aus destruktiven Beziehungen lösen bzw. distanzieren zu können, ist es wichtig, sich vor Augen zu führen, dass unsere gefühlte Abhängigkeit immer ein Konstrukt unseres negativen Selbstbildes ist und nicht der Realität entspricht. Es ist von großer Wichtigkeit, sich dies bewusst zu machen. Die Angst vor der Einsamkeit ist fast immer ein viel schrecklicheres Gefühl als die tatsächliche Einsamkeit nach einer Trennung selbst. Was oft nicht bedacht wird, ist, dass sich nach einer destruktiven Beziehung in den Trennungsschmerz auch immer ein Gefühl von Erleichterung mischt. Doch es ist nicht nur die Angst vor Trennung und Verlassenheit, sondern auch die Angst vor

Disharmonie, Zurückweisung und Kränkung, die uns daran hindert, unsere Gefühle und Bedürfnisse aktiv in Beziehungen einzubringen. Auf diese Art machen wir uns abhängig. Anstatt mitzuteilen, was wir wünschen und brauchen, beobachten wir, was der andere bereit ist, zu geben oder eben nicht. Und wenn der Partner nicht bereit ist, unsere Bedürfnisse zu respektieren, dann nehmen wir das hin und werden zunehmend unzufriedener, bis die Beziehung scheitert. Je weniger wir uns von unserem Partner abhängig und ihm ausgeliefert fühlen, desto erfolgreicher wird die Partnerschaft verlaufen. Um größere Unabhängigkeit zu erreichen, müssen wir das Gefühl haben, selbst mehr Einfluss nehmen zu können. Wie aber kann man nun an der eigenen Selbstwirksamkeit arbeiten? Selbstwirksamkeit ist die Fähigkeit, eine Situation *aktiv*, den eigenen Interessen entsprechend, mitzugestalten. Es ist die Fähigkeit, im Sinne der eigenen Bedürfnisse zielführend auf eine Sache Einfluss zu nehmen.

Menschen, die wenig Vertrauen in die eigene Wirksamkeit haben, sind häufig in einem Teufelskreis gefangen, der bereits seit vielen Jahren oder schon das ganze Leben in Gange ist.

Dieser sieht dann etwa wie folgt aus:

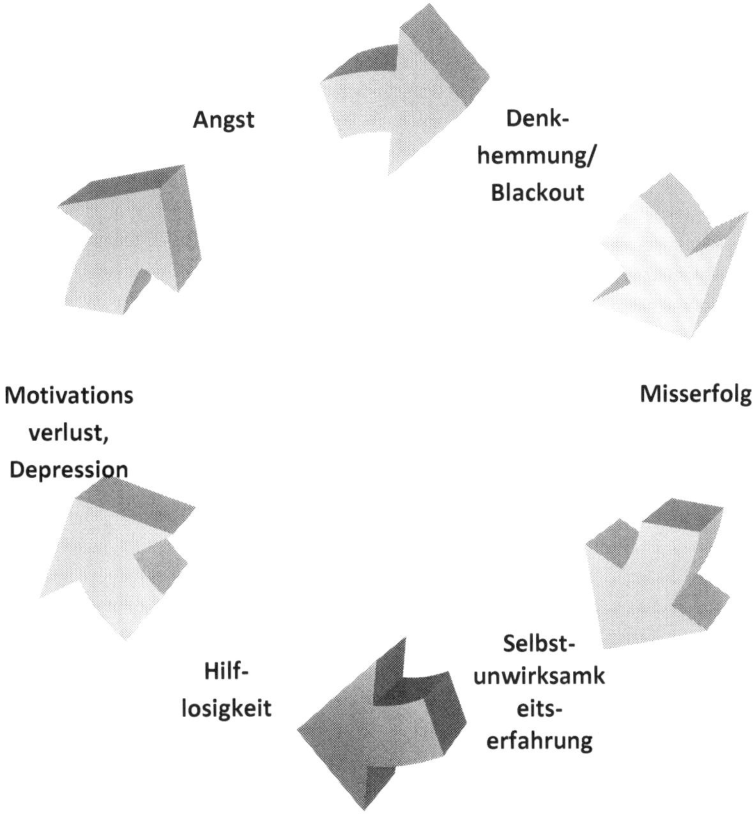

Unsere Grundannahme besteht darin, dass selbstwirksames, sozial kompetentes Verhalten erlernt werden kann wie jedes andere Verhalten wie beispielsweise Fahrradfahren oder Schwimmen auch. So, wie wir einmal auf bestimmte Denkmuster und

Verhaltensweisen konditioniert worden sind, genauso können wir uns auch wieder gegenkonditionieren. Wir werden dann (anstatt in einem Teufelskreis gefangen zu sein) von einem Strudel aus positiver Energie mitgerissen werden, in dem ebenfalls eines zum anderen führt, aber zum Positiven! Eine Veränderung des Blickwinkels (in unserer zweiten Grafik durch den roten Blitz dargestellt) reicht häufig bereits aus, um das Vertrauen in die eigene Wirksamkeit zu steigern und damit dauerhaft erfolgreichere Handlungsroutinen zu erlangen.

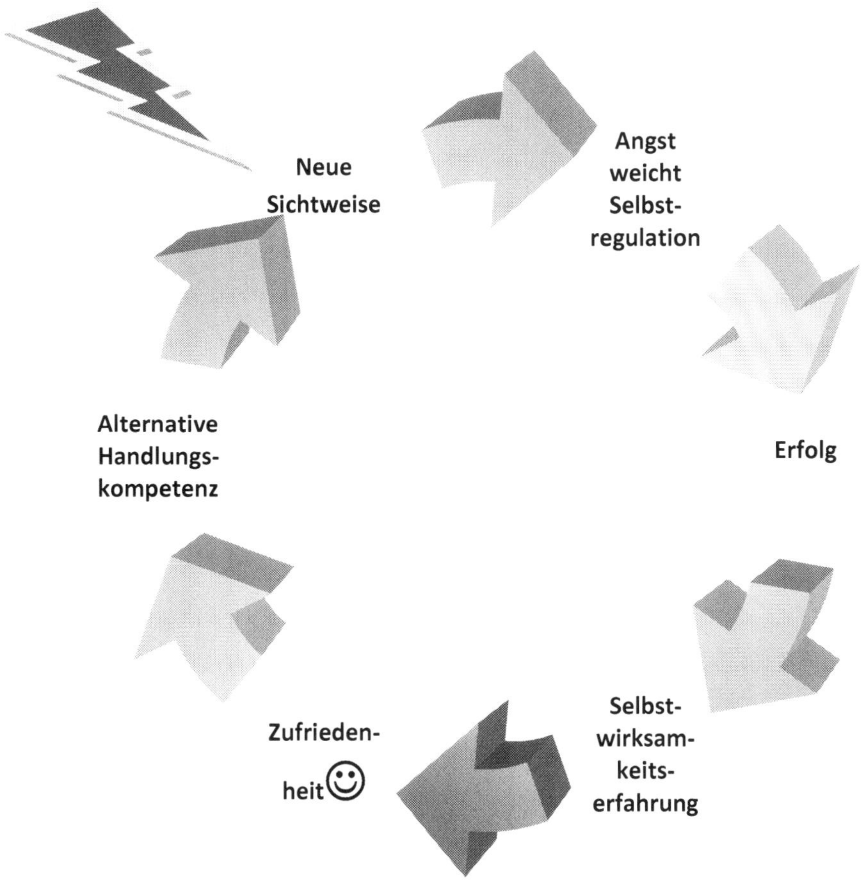

Anhand von Anna möchten wir dieser theoretischen Abhandlung noch ein wenig Leben einhauchen. Daher hier ein konkretes kleines Beispiel aus einer Alltagssituation:

ANNA ÄRGERTE SICH JAHRELANG ÜBER ALEXANDERS UNZUVERLÄSSIGKEIT. OBWOHL SIE ES IHM SCHON HUNDERTE MALE GESAGT HATTE, KAM ALEXANDER WEITERHIN KONSEQUENT ZU SPÄT ZU DEN MEISTEN IHRER VERABREDUNGEN. JEDES MAL AUFS NEUE ÄRGERTE SICH ANNA, WENN ALEXANDER SIE WIEDER EINMAL IRGENDWO DUSSELIG HERUMSTEHEN UND AUF SICH WARTEN LIEß. SIE FÜHLTE SICH ALEXANDER IN DIESEM PUNKT SO OHNMÄCHTIG AUSGELIEFERT, DENN EGAL, WIE ÄRGERLICH SIE WURDE, ALEXANDER ÄNDERTE DAUERHAFT NICHTS AN SEINEM VERHALTEN. BIS ZU DEM PUNKT, AN DEM ANNA SICH EINMAL GANZ BEWUSST ÜBERLEGTE, WIE SIE DIE SITUATION AKTIVER MITGESTALTEN KONNTE, UM SICH NICHT MEHR SO AUSGELIEFERT ZU FÜHLEN. SIE TEILTE ALEXANDER FAIRERWEISE MIT, DASS SIE BEI DER NÄCHSTEN VERABREDUNG NUR NOCH GENAU 5 MINUTEN AUF IHN WARTEN WÜRDE. (SIE HATTE SICH ZUVOR ÜBERLEGT, DASS DIES IHRE ZUKÜNFTIGE PERSÖNLICHE SCHMERZGRENZE SEIN WÜRDE.) „WENN DU MICH LÄNGER ALS 5 MINUTEN WARTEN LÄSST, WERDE ICH NICHT LÄNGER AUF DICH WARTEN, SONDERN ZU MEINEM YOGA-KURS GEHEN." ALS ALEXANDER DAS NÄCHSTE MAL ZU SPÄT KAM, HANDELTE SIE SO, WIE SIE ES BEREITS ANGEKÜNDIGT HATTE. AUF DIESE ART NAHM SIE AKTIV EINFLUSS AUF DIE SITUATION UND BEFREITE SICH VON DEM GEFÜHL DES AUSGELIEFERTSEINS SOWIE DER OHNMACHT UND EMPÖRUNG DARÜBER. NUN WAR NICHT MEHR SIE DIEJENIGE, DIE BLÖD SITZENGELASSEN WURDE, SONDERN SIE LIEß ALEXANDER SITZEN.

Glauben Sie uns, auf ausnahmslos jede Situation können Sie aktiv mehr Einfluss nehmen, als sie bisher gedacht haben. Und je mehr Einfluss sie selbst auf jede x-beliebige Situation nehmen können, desto weniger sind sie davon abhängig, wie andere sich verhalten.

Unfreiheit entsteht in 99 % der Situationen durch innere Befangenheit und falsche Glaubenssätze.

Sagen Sie sich: „Von nun an nehme ich aktiv in meinem Interesse Einfluss auf die Situation, in dem Umfang, in dem ich es will und die Situation es erlaubt." Wenn Sie sich beispielsweise immer bis zur Erschöpfung aufgeopfert haben, um für andere zu sorgen, weil sie der Meinung waren, in dieser Funktion dringend gebraucht zu werden, dann sagen Sie sich: „Wenn jeder für sich selbst sorgt, ist auch für alle gesorgt", und machen sich einen entspannten Tag.

Betrachten Sie zukünftig alle Situationen auch unter dem Blickwinkel ihrer aktiven Gestaltungsmöglichkeiten. Sie können sich auch bewusst dagegen entscheiden, aktiv zu handeln. Es ist aber häufig schon hilfreich, sich zunächst einmal vor Augen zu führen, was man aktiv hätte tun können, wenn man gewollt hätte.

EMOTIONALE UNABHÄNGIGKEIT IN DER PARTNERSCHAFT

Dieses Kapitel richtet sich vorwiegend an die liebessüchtigen Partner, die sich in der Rolle des passiven Vermeiders befinden und sich nach einem unerreichbaren Partner verzehren, der sie hingegen am ausgestreckten Arm emotional verhungern lässt. Diese Rolle ist so außerordentlich undankbar, weil diese Art von emotionaler Abhängigkeit mit einem entsetzlichen Gefühl der Ohnmacht einhergeht. Die Hormone haben einen „im Griff", und die unzureichend erwiderte Liebe wird zu einer Leidenschaft, die Leiden schafft. Am liebsten möchte man sich den Herzensbrecher oder die Herzensbrecherin aus dem Kopf schlagen. Aber loslassen kann man nicht gewaltsam. Der Versuch, sich jemanden aus dem Herzen zu reißen, wird scheitern, denn dann wird man die Aufmerksamkeit nur noch mehr auf die betreffende Person richten. Fokussiert man sich auf den Mangel, werden die Gedanken nur noch um die geliebte Person kreisen. Verlustangst, Trauer, Depression und Ohnmacht werden hierdurch nur noch schlimmer. Leidenschaft lässt sich nicht einfach abschalten. Aber! Sie können durchaus eine Menge tun, um ihr Liebesleid zu schmälern. Auch hier ist das Bild vom inneren Kind hilfreich, das die eigene Verlassenheit und Ungeliebtheit fürchtet. Nehmen Sie dieses innere verzweifelte Kind metaphorisch gemeint in den Arm und trösten Sie es. Sagen Sie ihm, dass es das nicht nötig hat, zu warten und zu schmachten. Überlegen Sie gemeinsam, was es braucht, um zu genesen und wieder fröhlicher zu sein. Es kann von sehr heilsamer Wirkung sein, sich selbst wie eine fürsorgliche Mutter zu umsorgen. Machen Sie sich einen leckeren Tee oder die berühmte heiße Milch mit Honig, schnappen Sie sich eine Decke und machen Sie es sich auf dem Sofa ganz allein mit sich gemütlich. Zünden Sie noch ein paar Kerzen an, und dann überlegen Sie einmal, was auf dieser Welt (neben ihrer Beziehung) noch wichtig für Sie ist. Gibt es etwas, was Sie schon immer einmal machen oder lernen wollten? Wie würden Sie ihre Freizeit gestalten, wenn Sie Single wären? Wichtig ist, Ihre Lebenszeit, Ihre Energie und Leidenschaft nicht einzig und allein auf das Objekt ihrer Begierde zu richten, sondern einen Teil Ihrer Aufmerksamkeit auch wieder anderen Lebensbereichen zu widmen. Lernen Sie eine Fremdsprache oder asiatische Kampfkunst, planen Sie eine abenteuerliche Reise in ein exotisches Land, machen Sie einen Kochkurs oder engagieren Sie sich für den Tierschutz. Wie wäre es mit Töpfern in der Toskana? Probieren Sie Yoga aus, lernen Sie ein Instrument, oder machen Sie einen Botanikkurs an der Volkshochschule. Probieren Sie einmal etwas ganz anderes. Gehen Sie einmal ganz allein ins Theater oder für eine Woche in ein Kloster oder in ein Wellnesshotel. Tun Sie etwas ganz allein für sich und ganz allein mit sich (maximal mit einem Freund oder einer Freundin, aber ohne Ihren Partner). Tun Sie sich etwas Gutes, etwas, was Sie in Wallungen bringt und Ihnen Freude macht. Fragen Sie sich, was Sie inspiriert und wozu Sie auf diese Welt gekommen sind (außer, um ihren Partner zu lieben und von ihm geliebt zu werden).

FREIHEIT

„Das Geheimnis der Freiheit ist der Mut."

Perikles

Sicherlich haben Sie schon den einen oder anderen aktiven Vermeider (oder auch sich selbst, falls Sie einer sind) sagen hören: „Ich brauche meine Freiheit." Zumeist möchten aktive Vermeider damit zum Ausdruck bringen, dass sie viel Raum für sich benötigen, aber zum Leidwesen ihrer Partner bedeutet dieser Ausspruch häufig mehr als das. Manchmal möchten sie damit auch sagen, dass sie sich nicht auf ihren Partner festlegen wollen. Meist sind sie der Meinung, sich „frei" zu fühlen, wenn sie ungebunden sind, mit niemandem fest liiert, aber mit mehreren Partnern locker zusammen sein können und sich zu nichts verpflichtet fühlen müssen.

Das Wort *Verpflichtung* löst in ihnen nämlich das schlimme Gefühl aus, dem Willen des anderen ohnmächtig ausgeliefert zu sein. Wer sich verpflichtet fühlt, ist unfrei. Für aktive Vermeider ist eine feste Beziehung meist gleichbedeutend mit Verpflichtung und somit Unfreiheit. Sie erleben die feste Beziehung als äußeren Zwang. Wenn Sie ebenfalls ein aktiver Vermeider sind, wird es Sie vielleicht überraschen, wenn wir Ihnen nun mitteilen, dass der gefühlte äußere Zwang vielmehr ein innerer Zwang ist. Im Gegensatz zu einer lockeren Beziehung legt der Partner in einer festen Beziehung seine Wünsche, Erwartungen und vielleicht sogar Forderungen an den Tag. Die Gefühle gegenüber einer grenzenlosen, fordernden und vereinnahmenden Mutter, gegen die man sich als Kind aus Angst vor Zurückweisung nicht abgrenzen konnte, werden nun auf den Partner in einer festen Beziehung übertragen. Die feste Beziehung gleicht der Beziehung zur Mutter bzw. zu den Eltern um ein Vielfaches mehr als eine lose Beziehung oder eine Affäre. Wir kennen viele bindungsängstliche Menschen, die sich nie fest gebunden haben und stattdessen zahlreiche Affären hatten. Die meisten von ihnen haben sich dennoch nie wirklich frei gefühlt, sondern vielmehr unerfüllt, leer und sehnsüchtig. Andere Menschen hingegen führen innige, dauerhafte monogame Partnerschaften und haben dennoch nicht das Gefühl, etwas von ihrer Freiheit einzubüßen. Das individuelle Freiheitsgefühl liegt also im Inneren eines Menschen begründet und kann daher nicht im Außen gefunden werden. Folglich kann der bindungsängstliche Mensch seine Verbindlichkeit, seine Beziehungsfähigkeit enorm verbessern, wenn er an seiner inneren Freiheit arbeitet, und die Autonomie des Menschen ist Voraussetzung für seine Freiheit.

Was bedeutet nun Autonomie, und wie kann man innere Freiheit erlangen? Innere Freiheit bedeutet, dass sämtliche Entscheidungen durch innere Persönlichkeitsmerkmale bedingt sind und nicht durch äußere Zwänge oder Verpflichtungsgefühle (gegenüber dem Partner). Dafür muss ich sehr genau zwischen den Wünschen des Partners und meinen eigenen Bedürfnissen differenzieren können und darf seine Erwartungen nicht zu meinen Aufträgen machen. Dies erfordert Abgrenzungsvermögen sowie den Mut, Unterschiedlichkeiten zu benennen. Bereits Jean Jacques Rousseau meinte: „Die Freiheit des Menschen liegt nicht darin, dass er tun kann, was er will, sondern darin, dass er nicht tun muss, was er nicht will.“

Ich kann mich also auch in einer festen Beziehung freier fühlen, wenn ich den Mut habe, mich mit meinen Bedürfnissen und Wünschen in die Beziehung einzubringen und mich umgekehrt nicht verpflichtet fühle, etwas zu tun, was ich nicht tun will. Hierfür benötige ich innere Grenzen, Authentizität und die Fähigkeit, meine Gefühle gegenüber meinem Partner rechtzeitig kommunizieren zu können.

Nicht jeder Mensch ist in den Genuss einer Erziehung gekommen, die ihm das Gefühl innerer Freiheit mitgegeben hat. Doch auch in diesem Fall kann ich heute die Initiative ergreifen und mir meine innere Freiheit zurückerobern. Wer die Verantwortung bei den Eltern und der Gesellschaft lässt, fühlt sich als Opfer und macht sich dadurch nur wieder abhängig. Als erwachsener Mensch kann und muss ich die Verantwortung für mein Leben übernehmen und kann sie nicht bei meinen Eltern lassen. Denn wer fortan selbst die Verantwortung für sein Leben, sein Fühlen, Denken und Handeln übernimmt, macht sich frei und unabhängig.

Freiheit kann und muss man sich erobern. Ich kann sie erst im Kampf gegen die Hindernisse, denen ich ausgesetzt bin, gewinnen. Was wäre Freiheit auch ohne die Anstrengung des Freiheitskampfes? Wäre dies nicht in etwa gleichzusetzen mit einem Abenteuerfilm, der mit einem Happy End beginnt und endet?

Durch meinen Mut erlange ich die Freiheit, mein Leben selbst zu gestalten – so zu leben, wie es für mich genau richtig ist. Und wie erfahre ich, was für mich genau richtig ist? Häufig meinen andere Menschen zu wissen, was für uns richtig ist und was nicht. Die Eltern, die Gesellschaft, der Partner, Freunde und Verwandte. Befolgen wir einmal nicht ihren Rat und etwas geht schief, müssen wir uns unmittelbar Vorwürfe anhören wie: „Ich habe es ja gesagt. Hättest du auf mich gehört. Du musst so sein und handeln, wie man es von dir erwartet."

Je mehr wir unser Handeln davon abhängig machen, ob andere es gutheißen, und je stärker die Angst vor Fehlern und Vorwürfen ist, desto schwieriger ist es, der inneren Stimme zu lauschen. Dabei bedeutet gerade der Weg zum Selbstvertrauen, unsere Intuition deutlich wahrzunehmen und eben diese eigene innere Stimme laut werden zu lassen. Einzig sie ist die Wahrheit. Alles, was ich brauche, ist da. Ich kann mich vollkommen auf mich selbst und meine inneren Kräfte verlassen.

Freiheit, Glück und Unabhängigkeit wurzeln alle in der Erkenntnis unserer selbst. Viele Klassiker der Literaturgeschichte handeln von der Suche und dem Finden des Selbst. „Sei dir selbst treu“, lesen wir in Hamlet, „Ich weiß, wer ich bin“, sagt Don Quichote. Erkennen Sie Ihren Wesenskern und werden Sie der, der Sie potenziell sind. Diesem Wesenskern treu zu bleiben, ist eine der zentralen Fragen der Menschheit und hat zutiefst mit dem Sinn des Lebens zu tun. Es ist die Basis für Selbstzufriedenheit und eine gesunde Partnerschaft.

Nutzen Sie die inneren Möglichkeiten und Anlagen, die Ihnen zur Verfügung stehen, um sich von inneren (und verinnerlichten) Zwängen, Erwartungen, Gewohnheiten und Rollenmustern zu befreien. Jeder Mensch ist unermesslich reich an inneren Schätzen, Potenzialen und Ressourcen. Je besser es Ihnen gelingt, diese zu erkennen und zu nutzen, desto freier werden Sie sich auch in einer festen und verbindlichen Beziehung fühlen. Wer innerlich frei ist, muss die Freiheit nicht im Außen suchen.

Im Laufe seiner Entwicklung versucht jedes gesunde kleine Kind, seine Eltern dazu zu bringen, ihm seine Wünsche und Bedürfnisse zu erfüllen. Es kommuniziert unmissverständlich, was es möchte, und macht auch nicht Halt davor, seinen Widerwillen zu zeigen. Die Erziehung lehrt uns jedoch fast immer etwas anderes. Wenn das Kind nun häufig genug die Erfahrung macht, dass ihm die Zuneigung versagt wird, sofern es äußert, dass es etwas anderes will als seine Bezugsperson, wird es sich zukünftig zurücknehmen. Aus Angst vor Zurückweisung verinnerlicht es tief den Glaubenssatz: „Wenn ich meinen eigenen Willen äußere, gibt es nur wieder dicke Luft und hat man mich nicht mehr lieb. Darum bin ich lieber still und sage nicht mehr, was ich möchte.“ Und so verlernen wir zunächst die Fähigkeit, anderen Menschen unsere Bedürfnisse mitzuteilen. Wie es im weiteren Verlauf dazu kommt, dass wir diese unerwünschten Bedürfnisse auch noch verdrängen, haben wir bereits beschrieben. Im Zusammensein mit anderen fällt das Wahrnehmen, geschweige denn das Ausleben der eigenen Bedürfnislage, schwer, gibt es doch immer noch den anderen mit seinen Wünschen, die mit den eigenen unvereinbar sein könnten. Infolge dieser Konflikte wird die Nähe zu anderen Menschen, insbesondere zu einem festen Partner, als etwas Unangenehmes erlebt. Sie muss abgewehrt oder von vornherein vermieden werden. Wir haben Wege aufgezeigt, unsere innere Stimme wieder deutlicher zu hören. In diesem Kapitel soll es darum gehen, wie wir diese inneren Strebungen nicht nur wahrnehmen, sondern auch wieder mehr ausleben können. Bindungsängstliche Menschen haben sehr große Schwierigkeiten, ihre Bedürfnisse, Wünsche und Gefühle in zwischenmenschlichen Beziehungen zu äußern. Die größte Angst beim Mitteilen von Gefühlen besteht darin, sich verletzlich zu zeigen. Es fällt schwer, dem Partner die eigenen Wünsche zu sagen, wenn es dann an ihm ist, sie zu erfüllen oder nicht. Dann fühle ich mich abhängig und ausgeliefert. Erfüllt er sie nicht, so meinen viele, würde dies einem Gesichtsverlust gleichen.

Diesen Widerständen bei der Bedürfniskommunikation steht jedoch die Notwendigkeit gegenüber, die Bedürfnisse ab und an erfüllt zu bekommen. Der Kompromiss besteht für viele Menschen in einer Ersatzstrategie: Sie teilen ihre Wünsche und ihren Widerwillen nicht direkt mit, sondern äußern ihre Wünsche „durch die Blume“. Bei den passiv-aggressiven Attacken aktiver Vermeider handelt es sich auch um eine solche Ersatzstrategie. Wer seine Grenzen und Bedürfnisse rechtzeitig wahrnehmen und dann angemessen mitteilen kann, wird zunehmend auf Sticheleien verzichten und Beziehungen zufriedenstellender gestalten können. Es empfiehlt sich, hierfür die eigene Gesprächskultur zu reflektieren und eigene destruktive Kommunikationsweisen zu erkennen.

Ein destruktives Kommunikationsmittel, auf das so gut wie nie in Streitereien verzichtet wird, sind Vorwürfe. Bei ihnen handelt es sich ebenfalls um eine Ersatzstrategie, mit der man Gefühlen Ausdruck verleiht, die man sich nicht traut, direkt zu benennen. Sie erscheinen einmal ganz offensichtlich und einmal versteckt. Engl und Thurmaier haben in ihrem empfehlenswerten Buch über Kommunikation „Wie redest du mit mir?“ handfeste Kriterien herausgearbeitet, um versteckte Vorwürfe zu entlarven. Die wichtigsten davon möchten wir hier einmal vorstellen:

- Schuldzuweisungen

„Wenn du besser aufgepasst hättest, hätten wir uns nicht verfahren“. „Den Schlamassel haben wir jetzt, weil du unbedingt hierher wolltest.“

Schuldzuweisungen lösen im Gegenüber das Gefühl aus, sich erklären oder rechtfertigen oder mit Gegenanschuldigungen auftrumpfen zu müssen.

- Kränkungen und Beleidigungen

Kränkungen und Beleidigungen sind Gift für jede Beziehung und jede Kommunikation. Sie verleiten die Beteiligten zu einem Schlagabtausch immer heftigerer Gegenangriffe mit noch schlimmeren Kränkungen und Verletzungen, die manchmal kaum wiedergutzumachen sind und anschließend häufig bereut werden.

- Du-Botschaften („Du bist so selbstgerecht“)

Du-Botschaften werden nahezu in jedem Streit verwendet. Sie haben die Funktion, die Ursache für ein eigenes unangenehmes Gefühl am andern festzumachen. Es wird gar nicht erst versucht, im Inneren nach Gründen für dieses schlechte Gefühl zu suchen. Der andere ist schuld daran. Er ist zur Verantwortung zu ziehen, was für den Sender der Du-Botschaft feststeht. Durch diese scheinbar „objektive“ Feststellung entsteht unmittelbar ein Hierarchiegefälle, das beim Adressaten sofort den Wunsch erweckt zu widersprechen. Er wird „geneigt sein, sich sofort zu rechtfertigen und das so entstandene Hierarchiegefälle zu seinen Gunsten zu verändern. Zum Beispiel mit einem eigenen Du-Satz oder unter Zuhilfenahme weiterer aggressiver Varianten“[37].

- Scheinfragen

Vorwürfe werden auch gerne etwas anders verpackt, zum Beispiel in Form von vermeintlich gut gemeinten Vorschlägen, die eigentlich aber keine sind und von Engl und Thurmaier daher „Scheinvorschläge“ genannt werden. Solche Sätze beginnen dann in der Regel mit den Worten: „Du könntest auch ruhig mal ...“ Beliebt sind die engverwandten „Scheinfragen“: „Findest du das normal, wie du dich verhältst?“, oder: „Das glaubst du doch wohl nicht im Ernst, oder?“ Mit solchen Scheinfragen wird mehr etwas gesagt als etwas gefragt. Auf indirekte Weise wird dem Partner mitgeteilt, dass man sein Verhalten intolerabel findet.

- Verallgemeinerungen und Übertreibungen

[37] Engl. Joachim; Thurmaier, Franz: Wie redest du mit mir?, S. 33.

„*Nie* bist du da, wenn man dich braucht.“ „Du hinterlässt *immer* so ein Chaos in der Küche.“

Verallgemeinerungen sind erkennbar an Wörtern wie „immer“, „ständig“, „jedes Mal“ oder „nie“. Natürlich sind diese Aussagen kaum realistisch. Niemand ist „immer aggressiv“. Der Sprecher möchte mit solchen Verallgemeinerungen vielmehr auf indirekte Weise seinen Ärger ausdrücken. Übertreibungen entspringen dem Wunsch, die eigene Aussage besonders überzeugend wirken zu lassen.

- Etikettierungen

„Das ist ja mal wieder typisch für dich.“

Bei der Etikettierung wird eine Verhaltensweise in einer spezifischen Situation, die nicht gutgeheißen wird, dem Partner als unliebsame Charaktereigenschaft aufgedrückt. Wer sagt: „War ja klar, dass du der alten Dame nicht die Tür aufgehalten hast – typisch, für so etwas hast du einfach keinen Blick“, und auf diese Art seiner Enttäuschung Ausdruck verleiht, wird wohl kaum eine Verhaltensänderung beim Partner bewirken. Dabei handelt es sich ebenfalls um einen indirekten Vorwurf, der beim Gegenüber lediglich Rechtfertigungen,

Gegenvorwürfe oder eine Trotzhaltung provozieren wird.

- Negative Unterstellungen/Auslegungen

„Das hast du doch nur gemacht, weil …"

Negative Interpretationen unterstellen dem anderen negative Absichten. Wem beispielsweise unterstellt wird: „Du hast meinem Vorschlag doch nur zugestimmt, damit du deine Ruhe hast", der fühlt sich nicht nur abgewertet, sondern auch nicht gerade ernst genommen. Anstatt nach Gründen für sein Verhalten zu fragen, tut der Partner so, als wüsste er bereits den Grund. Für das Gegenüber gleicht dies einer Beleidigung, werden ihm doch niedere Beweggründe unterstellt. Zusätzlich ärgert es sich darüber, falsch verstanden worden zu sein, und fühlt sich unmittelbar zu einer Rechtfertigung genötigt.

Wer sich der genannten Ersatzstrategien bedient, läuft Gefahr, nicht richtig verstanden zu werden. Dies möchten wir anhand von Sarah und Janneks Fallbeispiel einmal veranschaulichen. Bei diesem Paar ist Sarah die aktive Vermeiderin. Sie fühlt sich zunehmend von Jannek vereinnahmt, der es sich auf die Fahnen geschrieben hat, seine gesamte Freizeit zur gemeinsamen Freizeit zu erklären. Und so schmiedet er Pläne für sämtliche Wochenenden und verplant fast alle Feierabende unter der Woche für sich und Sarah. Nachdem Sarah Jannek seine Wünsche in der ersten Zeit nicht abschlagen wollte, fühlt sie sich nun zunehmend unwohl und eingeengt. Sie hat das Gefühl, dass ihre Hobbys und Freundinnen zu kurz kommen. Nach einem (von Jannek geplanten) Ausflug mit einem befreundeten Pärchen sagt sie:

„ICH FINDE, MIRIAM UND KLAUS FÜHREN EINE SEHR AUSGEGLICHENE UND HARMONISCHE BEZIEHUNG. ICH DENKE, DAS LIEGT DARAN, DASS BEIDE IHREN HOBBYS NACHGEHEN UND AUCH IHRE FREUNDSCHAFTEN NICHT VERNACHLÄSSIGEN."

JANNEK: „FINDEST DU WIRKLICH, DASS DIE BEIDEN SO ZUFRIEDEN WIRKEN? AUF MICH MACHEN SIE EHER DEN EINDRUCK, ALS HÄTTEN SIE SICH SCHON ZIEMLICH AUSEINANDERGELEBT. SIE HABEN JA KAUM NOCH GEMEINSAME INTERESSEN."

Jannek hat den Wink nicht verstanden. Sarah legt nach:

„DAFÜR HABEN ABER SOWOHL KLAUS ALS AUCH MIRIAM IHRE EIGENEN INTERESSEN. WENN PAARE NUR AUFEINANDERGLUCKEN, KANN DAS JA AUF DAUER NICHT GUT GEHEN."

JANNEK: „JA, KANN SEIN. ICH KENNE SOGAR SO EIN PAAR, PETER UND NELLY. DIE BEIDEN WAREN JEDEN TAG VON MORGENS BIS ABENDS ZUSAMMEN. DAS IST AUCH NICHT GUT GEGANGEN."

Jannek hat die Botschaft zwischen den Zeilen immer noch nicht verstanden. Nun platzt es aus Sarah heraus:

„JA, SO EIN PAAR KENNE ICH AUCH: DIE BEIDEN HEIẞEN JANNEK UND SARAH. JANNEK HAT LEIDER KEINE EIGENEN FREUNDE UND HOBBYS, UND DESHALB MUSS SEINE FREUNDIN JEDEN TAG FÜR SEINE FREIZEITGESTALTUNG HERHALTEN. DAS WIRD AUCH NICHT MEHR LANGE GUT GEHEN."

Nun war die Botschaft unmissverständlich. Jannek fällt aus allen Wolken. Er ist zutiefst gekränkt und enttäuscht, war er doch davon ausgegangen, dass Sarah die gemeinsamen Aktivitäten zu schätzen weiß. Stattdessen macht sie ihm aus heiterem Himmel schlimmste Vorwürfe, wirft ihm Kränkungen an den Kopf und droht gar mit Trennung. Jannek ist stark verunsichert. Er reagiert aus verletztem Stolz und auch ein wenig aus Trotz mit Rückzug und stellt seine gemeinsamen Planungen völlig ein, wodurch er nun seine Bedürfnisse nach gemeinsamen Unternehmungen zurückstellt. Folglich überkommt ihn zunehmende Unzufriedenheit in der Beziehung. Doch wenn Sarah ihn fragt, was los sei, sagt er nur: *„ES IST NICHTS LOS."*

Was ist hier passiert? Hier wurden gleich mehrere Kommunikationsfehler begangen:

1. Sarah hat über Wochen die von Jannek geplanten Aktivitäten mitgemacht, obwohl es ihr widerstrebte. Sie hat also ihre unangenehmen Gefühle über einen längeren Zeitraum geschluckt, anstatt sie zu äußern. durch wurden diese immer schlimmer und dringlicher und verschafften sich dann in einem Maße Raum, wie es der Situation nicht im Geringsten angemessen war. Viele Menschen versuchen, Konflikten auf diese Art und Weise aus dem Weg zu gehen. Wer Streitereien lieber vermeidet, tut dies zumeist nicht überlegt. In solchen Situationen greifen wir auf Verhaltensweisen zurück, die wir als Kind in Anpassung oder durch Vorbilder erlernt und verinnerlicht haben. Das gilt auch für bestimmte Kommunikationsmuster. Wir greifen nahezu automatisch auf eingefahrene Muster zurück, und dies auch aus gutem Grund. Sie waren das Beste, was uns bisher zur Verfügung stand. Wer nicht gelernt hat, konstruktiv zu streiten, kann es nicht besser wissen. Doch wer eigene Bedürfnisse und Gefühle „des lieben Frieden willen" nicht äußert, tut weder sich noch seinem Partner einen Gefallen. Denn entweder „platzt die Bombe" irgendwann, wie im Fall von Jannek

und Sarah, oder aber sie platzt nicht. Doch in letzterem Fall wird die entstehende Aggression unterschwellig „brodeln“ und sich in indirekter Weise gegen den Partner richten, dem jedoch keine Chance gegeben wird, sich auf die Bedürfnisse des anderen einzustellen, solange er sie nicht kennt.

2. Anstatt ihre Gefühle und Bedürfnisse zu äußern, hat Sarah indirekte Botschaften gesendet, die von Jannek nicht verstanden wurden. Dies hat sie dazu veranlasst, wütend zu werden und immer heftiger nachzulegen, bis sie in einem Maße kränkend gegenüber Jannek wurde, dass es den Verlauf der gesamten Beziehung in destruktiver Weise beeinflusst hat.

3. Sarah hat letztlich eine Vorwurfshaltung eingenommen. Sie hat Janneks Verhalten angeprangert, obwohl dieser noch nicht einmal wusste, dass durch seine Planungen bestimmte Bedürfnisse seiner Freundin übergangen wurden. Abgesehen davon, dass die Vorwürfe daher in diesem Fall völlig ungerechtfertigt waren, sind

Vorwürfe in der Kommunikation *niemals zielführend*. Stattdessen sind sie immer destruktiv und verhindern eine schrittweise Annäherung. Erstaunlicherweise wird sich ihrer dennoch in nahezu jedem Streit bedient.

Jannek seinerseits hat auf die harschen und verletzenden Anschuldigungen in der Situation mit dauerhaftem Rückzug reagiert. Seine Reaktion ist einerseits verständlich, führt aber letztlich nur zu weiteren Schwierigkeiten in der Beziehung. Nun war er derjenige, der die unangenehmen Gefühle geschluckt hat, anstatt sie zu äußern. Seine Konfliktvermeidungsstrategie bestand darin, vor Sarah zu verheimlichen, welcher Unmut ihn gerade bewegte, und das bei verstecktem Trotz. Seine Unzufriedenheit war ihm anzumerken, aber darauf angesprochen, hat er nichts von dem, was sich innerlich in ihm abspielte, gesagt. Heimlich aber hat er sich als Opfer ihrer Attacken gefühlt. Aus Hilflosigkeit hat er geschwiegen und eingesteckt, sich aber innerlich emotional von ihr abgewendet. Innerlich hat er zu sich gesagt: „Der Klügere gibt nach“, und sich damit moralisch über seine Freundin erhoben, ohne sie ernst zu nehmen. Sarah wird sich daher auch in künftigen Konfliktsituationen nicht veranlasst sehen, ihre herablassenden Angriffe zu unterlassen. Sie kann ihrem Ärger zwar Luft machen, aber nicht dafür sorgen, dass Jannek sie besser versteht. Und auch Sarah wird Jannek nicht verstehen, wenn er schweigt. Auf diese Weise wird gegenseitiges Verständnis verhindert und führt zu einer zunehmenden Entfremdung.

Je nach erlernter Konfliktvermeidungsstrategie reagiert das Gegenüber auf Attacken mit emotionalem Rückzug, mit Protesthaltung (wie im Fall Jannek) oder geht zum Gegenangriff über. In den häufigsten Fällen ist Letzteres der Fall. Vorwürfe bewirken im Gegenüber immer eine Provokation. Sie veranlassen es seinerseits zu immer heftigeren Gegenvorwürfen, Gegendrohungen und Beleidigungen. Und so fühlen sich beide Beteiligte in ihrer Person abgewertet und unverstanden, was zur Folge hat, dass sie sich zunehmend von einem friedvollen Ausgang entfernen.

DESTRUKTIVE KOMMUNIKATION ERKENNEN

GESA: „HEUTE, ALS ICH MIT DEM AUTO IN DIE STADT FAHREN WOLLTE, KONNTE ICH GAR NICHT RICHTIG AUSPARKEN, WEIL DU DAS AUTO GESTERN SO SCHLECHT EINGEPARKT HATTEST."

FRED: „DAS SOLL JA WOHL JETZT EIN WITZ SEIN. WEIL ICH SCHLECHT EINGEPARKT HABE! IST JA LÄCHERLICH. DASS DU DAS AUTO NICHT RICHTIG AUS DEM CARPORT BEKOMMEN HAST, WUNDERT MICH NICHT. ABER ES WIRD WOHL VIELMEHR AN DEINEN FAHRKÜNSTEN LIEGEN, DIE DENEN EINES DREIJÄHRIGEN AUF SEINEM RUTSCHEAUTO GLEICHEN."

GESA: „ES LIEGT WOHL EHER DARAN, DASS DU BEIM BAU DES CARPORTS MAL WIEDER BEWIESEN HAST, IN HANDWERKLICHEN ANGELEGENHEITEN ZWEI LINKE HÄNDE ZU HABEN. MARIANNE HAT DOCH AUCH NEULICH GESAGT, DASS DER CARPORT TOTAL SCHIEF AUSGERICHTET UND AUßERDEM VIEL ZU KLEIN FÜR UNSER AUTO IST."

FRED: „HÖR DU MIR BLOß AUF MIT DEINER MARIANNE! ALS HÄTTE DIE EINE AHNUNG VON CARPORTS. ICH FINDE ES OHNEHIN UNERTRÄGLICH, DASS DU DIR SOLCHE NERVIGEN SCHRECKSCHRAUBEN ALS FREUNDINNEN WÄHLST. UND ICH MUSS SIE DANN GLEICH MIT ERTRAGEN. IHRE BLOßE ANWESENHEIT UND EUER STUNDENLANGES GELABER ÜBER KOCHREZEPTE HAT MIR NEULICH BEIM GRILLFEST SO WAS VON DIE LAUNE VERDORBEN."

GESA: „GLAUBST DU, ICH FINDE ES TOLL, WENN DU HERBERT ZUM FUßBALLSCHAUEN EINLÄDST UND ICH MIR EUER PRIMITIVES GEGRÖLE UND GERÜLPSE ANHÖREN MUSS?! DAS IST ECHT DAS LETZTE, ABER WAHRSCHEINLICH BIN ICH EINFACH ZU KULTIVIERT FÜR DICH."

FRED (IRONISCH): „JA, WAHRSCHEINLICH BIST DU DAS. IST VERMUTLICH AUCH BESSER, WENN DU DIR EINEN ENTSPRECHEND KULTIVIERTEN MANN AN DEINER SEITE SUCHST. ICH HAB EH KEINE LUST MEHR AUF EINE SO ARROGANTE SCHNEPFE WIE DICH!"

Sie werden gemerkt haben, wie es bei diesem Gespräch schon nach kurzer Zeit gar nicht mehr darum ging, wie beide am besten das Auto parken könnten. Stattdessen lieferten sie sich einen Schlagabtausch, um sich gegenseitig herunterzuputzen. Und daraufhin nahm das Ganze so schnell eine Wende, dass plötzlich die ganze Beziehung in Frage gestellt wurde.

In diesem Streitbeispiel wurde sich neben Kränkungen und Beleidigungen noch dreier weiterer destruktiver Kommunikationsweisen bedient, die wir kurz erläutern möchten: Drohungen, Ironie und die Einbeziehung Dritter.

- Drohungen

Eine Drohung, z. B. mit dem Inhalt, den anderen zu verlassen, wenn er sich nicht wunschgemäß verhält, ist immer ein Manipulationsversuch. Das Gegenüber wird dann vor die Wahl gestellt: Entweder du tust, was ich will, oder du wirst es noch bitter bereuen. Engl und Thurmaier beschreiben Drohungen als „einen zweifelhaften Rettungsanker des angeschlagenen Selbstwertgefühls, meist in der schwachen Hoffnung geäußert, der andere möge doch jetzt endlich über die

Folgen erschrecken und einlenken"[38]. Doch selbst wenn der Bedrohte sich aus Angst vor den Konsequenzen entsprechend der Forderung verhält, ist und bleibt dies ein Resultat der Erpressung und wird für beide Partner dauerhaft unbefriedigend sein.

- Ironie

„Na, das hast du ja mal wieder ganz toll hinbekommen."

Ironie ist ein Stilmittel, das manchmal sogar durchaus nützlich sein kann, um einen Streit zu schlichten. „Ironie ist das Körnchen Salz, das das Aufgetischte überhaupt erst genießbar macht", sagte sogar Goethe. Wenn man seinen Partner im Streit mit einem Augenzwinkern etwas durch den Kakao zieht, kann der Humor die Situation durchaus etwas auflockern. Doch dies ist nicht immer der Fall. Denn wenn das besagte „Körnchen Salz" in eine Wunde fällt, wird der Partner möglicherweise empfindlich reagieren und das Gesagte als Kränkung oder Vorwurf verstehen. Die Ironie wird dann mehr zur Eskalation als zur Schlichtung beitragen.

---

[38] Engl. Joachim; Thurmaier, Franz: Wie redest du mit mir?, S. 31.

„Klug zu reden ist oft schwer, klug zu schweigen noch viel mehr."

Wilhelm Busch

Dass „kluges Schweigen" nicht zu den Stärken der meisten Menschen gehört, hat nicht nur Wilhelm Busch beobachtet, sondern auch Engl und Thurmaier äußern sich wie folgt dazu: „Zu einem echten Gespräch gehören bekanntlich mindestens zwei, nämlich Sprecher und Zuhörer. Merkwürdigerweise besteht in unserem Kulturkreis das Vorurteil, dass der Sprecher die wichtigere, die ‚tragendere' Rolle im Gespräch innehat. Wohl aus diesem Grunde lässt sich – nicht nur bei Streit – so häufig beobachten, dass beide Gesprächspartner gleichzeitig die Rolle des Sprechers einnehmen, dass es also überhaupt keinen Zuhörer mehr gibt. Die Tatsache, dass zwei Leute, die sich parallel zueinander in der Sprecherrolle fühlen, niemals zueinander finden werden, tut dieser beliebten Unsitte des ‚Nichtzuhörens' keinerlei Abbruch."[39] Das Zuhören ist nach Untersuchungen der Fakultät für Rhetorik der Universität von Minnesota, USA, die am dringendsten

[39] Engl. Joachim; Thurmaier, Franz: Wie redest du mit mir?, S. 77.

benötigte, aber leider am wenigsten gelehrte Kommunikationsfähigkeit. Gutes Reden wird in unzähligen Kursen und Seminaren flächendeckend unterrichtet, was hingegen von gutem Zuhören nicht behauptet werden kann.

Der häufigste Fehler beim Zuhören besteht darin, dass der Zuhörer dem Redner nicht bis zum Ende seiner Ausführung zuhört, sondern den anderen unterbricht, um selbst das Wort zu ergreifen und die eigene Sicht der Dinge darzulegen. Der Zuhörer ist meist zu stark mit seinen Anschauungen und Argumenten beschäftigt, sodass es ihm an der inneren Ruhe fehlt, dem anderen bis zum Ende seiner Ausführung zuzuhören. Vielmehr ist seine Aufmerksamkeit auf sich selbst und die eigene Sichtweise gerichtet. Folglich hört er nicht mehr zu oder versucht dem Redner Einhalt zu gebieten, um selbst seine Gedanken mitteilen zu können. Dem Gegenüber wird dann das Wort abgeschnitten („Ich weiß schon, was du sagen willst“ oder „Ich muss da mal einhaken“), oder eine kurze vom Sprecher eingeführte Redepause wird sofort ausgenutzt, um schnellstmöglich wieder das Wort zu ergreifen, um etwas loswerden zu können, ohne auf das zuvor Gesagte gebührend eingegangen zu sein. Den meisten Menschen fällt es außerordentlich schwer, sich etwas vollständig zu Ende anzuhören, wenn sie mit dessen Inhalt nicht einverstanden sind oder wenn sie sich ungerecht behandelt fühlen. Sie meinen, diesem Gefühl Einhalt gebieten zu können, indem sie dem Gegenüber das Wort abschneiden und gegen seine Worte anreden.

Wer den anderen jedoch unterbricht, vermittelt seinem Gegenüber den Eindruck, dass ihn sein Anliegen nicht interessiert. Er signalisiert, dass er keine Lust hat, ihm weiter zu folgen. Der Sprechende wird sich weder ernst genommen noch verstanden fühlen. Daher wird bei ihm eine Unzufriedenheit zurückbleiben, die wiederum ein Störfaktor für das weitere Gespräch sein wird.

Eine weitere Form des „schlechten Zuhörens" besteht darin, sich auf etwas anderes zu konzentrieren, während der andere spricht. Auch mit nonverbalen Signalen, also in Form von Mimik oder Gestik, kann der Zuhörer Desinteresse, Ablehnung oder Geringschätzung bekunden. Ebenso kann er zeigen, dass er überhaupt nicht zugehört hat, indem er in einer Redepause beginnt, von etwas anderem zu sprechen, anstatt Bezug auf das Gesagte zu nehmen. Universalfloskeln, wie beispielsweise „Das wird schon wieder!" oder „Kopf hoch" signalisieren dem Redner ebenfalls Desinteresse.

Die Auswirkungen „schlechten“ Zuhörens auf den Redner können immens sein und starke Gefühle wie Wut und Frustration auslösen. Auch schlechtes Zuhören provoziert den anderen zu verbalen Angriffen, Beleidigungen und weiteren destruktiven Kommunikationsweisen. Daher kommt dem Zuhörer als Beitrag zu einem gelingenden Austausch eine ebenso wichtige, wenn auch sogar fast schwierigere Rolle als dem Redner zu.

Duett statt Duell

Noch bevor es darum geht, eingefahrene Muster durch bessere zu ersetzen, liegt der erste Schritt zu einer erfolgreicheren Kommunikation darin, sich die eigenen Kommunikationsfehler und ihre Folgen bewusst zu machen. Dies gilt selbstverständlich für beide Partner in beiden Rollen (Zuhörer und Sprecher). Diese Art der Selbstreflexion erfordert die Fähigkeit, sich selbst zu beobachten, was allerdings im Eifer des Gefechts und in einer Situation großer Emotionalität nicht leicht ist. Um jedoch den Blick für destruktive Kommunikationsweisen zu schulen, kann es hilfreich sein, die Streitgespräche anderer Menschen zu beobachten und beispielsweise auf die genannten Kriterien zu untersuchen. Man braucht sich nur eine x-beliebige Talkshow im Fernsehen zu Gemüte führen, um dieses Phänomen und seine Auswirkungen einmal zu beobachten. Derartige Auseinandersetzungen mit Vorwürfen weisen häufig den Charakter einer Gerichtsverhandlung auf, in der es um Anklage, Verteidigung und Rechthaberei geht. Der gegenseitige Umgang erinnert also viel eher an einen vor Gericht ausgetragenen Kampf oder Rechtsstreit. Für einen Gerichtsprozess mag eine solche Vorgehensweise auch angemessen sein. Es geht darum, sein Recht durchzusetzen, und am Ende der Verhandlung gibt es einen Gewinner und einen Verlierer. Doch in Beziehungen gilt etwas anderes. Genauer betrachtet, entstehen gerade dadurch die meisten Beziehungskonflikte, dass bestimmte Situationen so betrachtet werden, als ginge es darum, sein Recht durchzusetzen. Doch in einer Partnerschaft kann es immer nur zwei Gewinner, die einen Kompromiss gefunden haben, geben oder zwei Verlierer, die nach ausgiebigem, gegenseitigem Herunterputzen immer noch nichts außer Frustration erreicht haben. Streitereien mit Vorwürfen bewirken niemals das, was sich die Beteiligten eigentlich wünschen, denn zumeist besteht der Wunsch der Beteiligten darin, dass sie sich verstanden fühlen wollen oder dass der andere die eigenen Bedürfnisse erfüllt.

Um einer positiven Atmosphäre und Haltung den Weg zu bahnen, ist es also zunächst einmal wichtig, destruktive Verhaltensmuster zu erkennen und sie anschließend durch konstruktive Muster zu ersetzen.

Auf eine gewisse Art und Weise ist Kommunikation wie Tanzen. Je besser man die Kunst des Tanzens beherrscht, desto leichter wird man mit verschiedensten Tanzpartnern über die unterschiedlichsten Tanzflächen gleiten können. Im Folgenden haben wir Ihnen daher ein paar weitere Regeln für Redner *und* Zuhörer zusammengestellt, die als Leitfaden für einen erfolgversprechenden kommunikativen Austausch dienen. Sofern Sie diese „Tanzschritte" beherrschen, werden Sie sehen, dass Sie und ihr Partner sich mit zunehmender Übung beim „Tanzen" immer seltener gegenseitig auf die Füße treten werden.

REGELN FÜR DEN SPRECHER:

1. Sprechen Sie Ihre *Gefühle* an

Die Fähigkeit, eigene positive wie auch negative Gefühle und auch Wünsche klar zu benennen, ist für das Gelingen einer partnerschaftlichen Beziehung unerlässlich, denn der andere kann sie von sich aus nicht kennen. Daher besteht die wichtigste Regel bei der partnerschaftlichen Kommunikation darin, dass Sie Ihrem Partner Ihre Gefühle direkt mitteilen. Dies sollten Sie auch nicht zu lange aufschieben. Schluckt man die Dinge dauerhaft herunter, stauen sich Aggressionen auf und entladen sich zu einem späteren Zeitpunkt mit einer Heftigkeit, die verletzend und der Situation in der Regel auch nicht mehr angemessen ist. Wenn es Ihnen schwerfällt, Ihre Gefühle mitzuteilen, weil sie Angst haben, Ihren Partner zu verletzen, machen Sie sich bewusst, dass Sie *und* ihr Partner nur davon profitieren können. Enthalten Sie sie ihrem Partner vor, werden Sie ihm auch nicht gerecht. Zudem können Sie nichts für Ihre Gefühle. Sie sind einfach da, und Sie haben nichts zu ihrer Existenz beigetragen. Daher brauchen Sie sich auch niemals für sie schuldig zu fühlen oder zu schämen. Es geschieht auch noch etwas anderes, wenn wir unseren Unmut dauerhaft in uns hineinfressen, nämlich etwas

Ähnliches, was passiert, wenn wir unsere unliebsamen Gefühle verdrängen. Die negativen Gefühle häufen sich wie auf einer innerlich geführten Strichliste, und irgendwann ertragen wir den Partner nicht mehr. Hinzu kommt, dass der, der nicht sagt, was er will, selten das erhält, was er begehrt. Denken Sie daran, dass so viel Ehrlichkeit für die Beziehung nur förderlich sein kann. Wenn Sie Zurückweisung fürchten, sagen Sie sich: „Ich habe ein Recht auf meine Gefühle, und ich habe ein Recht darauf, sie zu äußern. Sie gehören allein mir und können daher nicht bestritten oder in Abrede gestellt werden."

2. Senden Sie Ich-Botschaften

Die beste Möglichkeit, Vorwürfe zu vermeiden, besteht darin, auf Du-Botschaften zu verzichten und stattdessen Ich-Botschaften zu senden. Selbstverständlich reicht es nicht aus, jeden Satz einfach nur mit „Ich" zu beginnen: „Ich finde dich unmöglich" ist genauso vorwurfsvoll wie „Du bist unmöglich". Ich-Botschaften funktionieren nur in Verbindung mit der Mitteilung über die eigene Befindlichkeit.

3. Äußern Sie Wünsche statt Forderungen

Was erfüllen Sie lieber: Eine Bitte oder ein Forderung? Das liegt sicherlich auf der Hand. Sobald der Eindruck entsteht, nicht wirklich die Wahl zu haben, sinkt die Bereitschaft, etwas zu ändern. Das geht auch Ihrem Partner so. Äußern Sie also lieber ihre Befindlichkeit und den dazugehörigen Wunsch, anstatt ihm die Pistole auf die Brust zu setzen. Dies können Sie vermeiden, indem Sie ihren Satz mit den Worten einleiten: „Ich würde mir wünschen, dass…“, oder: „Es würde mir viel bedeuten, wenn…“ Sie werden von der Wirkung dieser magischen Worte überrascht sein.

4. Sprechen Sie eine *konkrete* Gegebenheit an

Wenn Sie übertreiben und verallgemeinern, wird sich Ihr Gegenüber pauschal abgewertet fühlen. Stellen Sie stattdessen im Gespräch klar, dass sich Ihre Gefühle auf eine konkrete Situation oder eine bestimmte Verhaltensweise beziehen (und nicht auf die gesamte Person). Wenn Sie auf Verallgemeinerungen, also auf Wörter wie „immer“, „ständig“ und „nie“, verzichten, wird sich Ihr Gegenüber viel weniger angegriffen und abgewertet fühlen. Es wird auch besser verstehen, was

Sie sagen möchten, und eine größere Bereitschaft entwickeln, auf Ihre Bedürfnisse einzugehen.

REGELN FÜR DEN ZUHÖRER

1. Bleiben Sie ruhig und wertschätzend

Es ist nicht nur wichtig, sich möglichst einfühlsam und vorwurfsfrei zu äußern, sondern auch, als Zuhörer eine offene und vorwurfsfreie Haltung einzunehmen. Wünsche, Bedürfnisse, Gefühle und Grenzen mitzuteilen, ist schon schwierig genug – auch für Ihren Partner. Wenn man nun obendrein noch eine feindselige, destruktive Haltung des Gegenübers verspürt und ein Donnerwetter droht, wird es fast zur unmöglichen Aufgabe. Nur wenn beide Partner offen über ihre Bedürfnisse und Gefühle sprechen, können Sie Verständnis für die Lage des jeweils anderen aufbringen und so an einer Problemlösung arbeiten. Wenn es an Wertschätzung für den Gesprächspartner mangelt, werden Unzufriedenheit, Missverständnissen, Vorurteilen und Antipathien Tür und Tor geöffnet. Die Wichtigkeit einer wertschätzenden Atmosphäre ist für einen ehrlichen Austausch kaum zu überschätzen.

2. Hören Sie aktiv und aufmerksam zu

Lassen Sie Ihren Gesprächspartner ausreden, und unterbrechen Sie ihn nicht, um Ihren eigenen Standpunkt zu vertreten oder etwas von sich zu erzählen. Lassen wir den Partner ausreden, wird uns dieser anschließend auch bereitwillig zuhören. Sehen Sie ihm in die Augen, während er spricht, und schenken Sie ihm Ihre ungeteilte Aufmerksamkeit. Widmen Sie sich ausschließlich dem Gespräch, und gehen Sie nebenbei keiner anderen Beschäftigung nach. Der Sprechende muss erkennen können, dass ihm zugehört wird. Er muss wissen, ob seine Aussagen ankommen, ob er von seinem Partner verstanden oder ihm geglaubt wird, weil er darauf seine folgenden Äußerungen aufbaut. Zeigen Sie Ihr Interesse an dem, was er sagt, über Ihre Gestik und Mimik, (z. B. durch gelegentliches Nicken), und bestätigen Sie gelegentlich mit „Aha“ und „Mhm“, dass Sie gedanklich folgen. Nehmen Sie dabei eine offene Körperhaltung ein (also nicht die Arme vor der Brust verschränken). Wer auf diese Art zuhört, gewinnt an Ansehen, Vertrauen und Sympathie, denn die Botschaft eines solchen Zuhörers lautet: „Das, was du sagst, ist mir wichtig.“ Ihr Gegenüber wird dies sehr zu schätzen wissen.

3. Stellen Sie offene Fragen

Offene Fragen sind Fragen, die nicht nur mit Ja oder Nein beantwortet werden können, in der Regel mit W-Fragewörtern (wie, wann, warum, wo, wer, woher, wodurch) beginnen und beispielsweise wie folgt lauten: „Wie ist es dir dabei ergangen?“, „Was hat das in dir ausgelöst?“, „Was hat dich zu der Annahme veranlasst?“, „Was hättest du dir in dieser Situation gewünscht?“ Solche offenen Fragen ermutigen den anderen, noch weiter auf das Thema einzugehen und noch mehr von der eigenen Befindlichkeit zu offenbaren. Zudem ist es kein Zeichen mangelnder Intelligenz, bei Unklarheiten nachzuhaken. Dies signalisiert nicht nur Interesse, sondern verhilft zu einem besseren Verständnis.

4. Übersetzen Sie das Gesagte in eine Emotion

Wiederholen Sie ab und zu wichtige Aussagen des anderen. Damit zeigen sie ihm, dass Sie ihm aufmerksam zugehört haben. Greifen Sie auch das Gefühl auf, das der Sprecher versucht, zum Ausdruck zu bringen: „Mir scheint, dass dich das ganz schön belastet …“, oder auch im Positiven: „Ich habe den Eindruck, du bist darüber ganz schön erleichtert …“ Durch die Spiegelung seiner

Gefühle wird sich Ihr Gesprächspartner verstanden und wertgeschätzt fühlen, denn die Botschaft im Subtext lautet: „Du bist wichtig!"

5. **Geben Sie Rückmeldung über das, was das Gesagte in Ihnen auslöst**

Wenn eine Äußerung des Gegenübers eine heftige Reaktion in einem selbst ausgelöst hat, einen verletzt oder aufgebracht hat, fällt es natürlich alles andere als leicht, mit Verständnis darauf zu reagieren. Doch auch in einer solchen Situation sollten Sie Ihrem Partner nicht das Wort abschneiden. Dies würde dem sprechenden Partner das Mitteilen seiner ehrlichen Gefühle erschweren. Das Gleiche gilt für Vorwürfe und Rechtfertigungen, auf die Sie ebenfalls verzichten sollten.

Sagen Sie nicht: „Das ist aber gar nicht so, wie du denkst", sondern stattdessen: „Ich bin ganz überrascht über deine Sichtweise. Ich nehme die Situation ganz anders wahr." Sie können auch Ihrerseits mitteilen, welche Gefühle die Äußerung Ihres Partners in Ihnen ausgelöst hat, also beispielsweise: „Ich fühle mich von deinen Erwartungen überfordert", oder: „Was du eben gesagt hast, verunsichert mich/macht mich hilflos/traurig/wütend.“

NEGATIVE GEFÜHLE MITTEILEN UND ANHÖREN

Das Aushalten negativer Gefühle des Partners, seiner Wünsche und Bedürfnisse, die man eventuell nicht erfüllen kann oder will, hat viel mit der Fähigkeit zur inneren Abgrenzung und Gefühlsdifferenzierung zu tun. Wenn mein Partner seine Bedürfnisse kundtut, heißt das nicht, dass ich sie anschließend erfüllen muss. Ich darf auch eine andere Haltung haben. Er hat nicht das *Recht* darauf, dass ich ihm seine Wünsche erfülle, und auch ich habe umgekehrt kein *Anrecht* darauf.

Aber! Um den bestehenden Konflikten überhaupt erst auf die Spur zu kommen, ist der Austausch von Wünschen und Vorstellungen unerlässlich. Erst dann können mögliche Missverständnisse aus dem Weg geräumt und Kompromisse gefunden werden. Häufig ist es aber auch schon hilfreich genug, den anderen nun besser verstehen zu können und auch sich selbst verstanden zu fühlen.

Was aber nun, wenn die Bedürfnislagen so unterschiedlich sind? Offene Gespräche können natürlich auch offenlegen, dass die Erwartungen an die Beziehung unüberwindbar unterschiedlich sind und daher Enttäuschungen nach sich ziehen. Damit wird aber auch unrealistischen Vorstellungen die Grundlage entzogen. Man weiß dann, woran man ist, was die Wahrscheinlichkeit verringert, sich irgendwann einmal vom Partner getäuscht zu fühlen.

Vielleicht hilft es Ihnen aber auch, die unangenehmen Äußerungen Ihres Partners bereitwilliger anzuhören, wenn Sie sich die Grundbotschaft unseres Buches vor Augen führen: Sie werden es Ihrem Partner umso mehr erleichtern, sich auf eine Bindung einzulassen und Nähe zuzulassen, je besser er sich in all seinen Facetten in die Beziehung einbringen kann. Denn dann wird er weniger Rückzugsraum benötigen, um seine Persönlichkeit auszuleben.

HELFEN SIE SICH GEGENSEITIG, GEFÜHLE ZU ÄUßERN

In einer Auseinandersetzung kann es immer schnell passieren, dass einer der Partner und infolgedessen auch der andere Partner in die gewohnten Kommunikationsmuster zurückfallt und sich beide wieder in Vorwürfen und Gegenvorwürfen verstricken. In destruktiver Weise schaukeln sie sich dann ganz schnell hoch. Sie können diesen Teufelskreis nur aufbrechen, wenn beide Partner ihr eigenes Verhalten beobachten und reflektieren.

Besonders hilfreich ist das Wissen um die Tatsache, dass sich hinter allen Vorwürfen und destruktiven Kommunikationsweisen Gefühle verstecken. Mit jeder Anschuldigung, mit jeder Beleidigung trifft man immer auch eine Aussage über sich selbst. Wenn eine Frau beispielsweise sagt: „Immer hängst du an den Wochenenden mit deinen primitiven Saufkumpanen in Kneipen herum, anstatt, wie es sich für einen Ehemann gehört, Zeit mit der Familie zu verbringen!", möchte sie damit z. B. zum Ausdruck bringen, dass sie die Gesellschaft ihres Partners vermisst und sich mehr Aufmerksamkeit wünscht. Die Gefühle hinter dem Vorwurf sind möglicherweise Wut, Trauer, Enttäuschung und Verlustangst. Für den Sprecher kann es hilfreich sein, wenn der Adressat sich trotz des Vorwurfs um Contenance bemüht und ihn auf die vermuteten Gefühle anspricht. Wenn Sie merken, dass der Partner seine Gefühle oder Bedürfnisse hinter einem Vorwurf „versteckt“, können Sie ihm dies auch zurückmelden oder ggf. nach dem dahinterstehenden Gefühl fragen. Beispielsweise so:

HEIDI: „ICH FINDE ES UNERHÖRT, DASS DU MICH IMMER DIE SCHWEREN KISTEN SCHLEPPEN LÄSST.“

GERD: „ICH BITTE DICH, NICHT SO VORWURFSVOLL MIT MIR ZU REDEN.“

HEIDI: „ABER ICH ÄRGERE MICH EINFACH, DASS DU NICHT SIEHST, WIE ICH MICH BEIM SCHLEPPEN ABMÜHE.“

GERD: „ES STIMMT, DASS ICH DIR DAS NICHT ANGEMERKT HABE. BITTE SAG MIR DOCH, DASS DU DICH ÜBERLASTET FÜHLST, WENN DU DIE EINKÄUFE HOCHTRÄGST. DAS WUSSTE ICH BISHER NICHT, WEIL DU ES MIR NIE GESAGT HAST. DARUM HABE ICH DIR BISHER NICHT GEHOLFEN.“

In diesem Fall war das Gefühl hinter dem Vorwurf Überlastung. Anstatt sich in gegenseitige Vorwürfe und Anschuldigungen zu verstricken, konnten Heidi und Gerd einem drohenden Schlagabtausch schnell und effektiv entgegensteuern.

POSITIVE RÜCKMELDUNG BEI GUTEM KOMMUNIKATIONSVERHALTEN

Häufig sind die Eigenschaften und Verhaltensweisen, die uns am anderen stören, viel augenscheinlicher als die guten Seiten und die Fortschritte. Und selbst, wenn wir etwas dergleichen bemerken, sprechen wir es viel zu selten aus. Schenken Sie den Fortschritten, die Ihr Partner in der Kommunikation mit Ihnen macht, Anerkennung. Teilen Sie ihm mit, wenn Sie sein Kommunikationsverhalten gut finden! Wenn Ihr Partner weiß, wie er Sie am besten erreicht, ist das gut für Sie beide. Nur wer ab und zu bestärkt wird, wird motiviert sein, sich zu bemühen. Sie können beispielsweise einfach einmal häufiger einwerfen: „Danke für die Info", oder: „Deine Frage find ich gut", oder: „Es hat mir geholfen, dass du mir gesagt hast, wie du dich fühlst. Jetzt kann ich dich besser verstehen."

Wenn Sie die Kommunikationsregeln befolgen, werden Sie bemerken, wie vieles in der Beziehung einfacher und harmonischer wird. Sie und Ihr Partner werden auch feststellen, wie viel leichter es ist, auf Wünsche und Gefühle einzugehen, wenn diese benannt wurden. Eine authentische und wertschätzende Haltung in der Kommunikation bildet überhaupt erst die Voraussetzung für den anderen, auf die eigenen Bedürfnisse eingehen zu können. Eine Kommunikation, wie wir sie vorgestellt haben, ermöglicht auch, sich bestmöglich und „verletzungsarm“ von den Bedürfnissen des Partners abzugrenzen, was ebenfalls eine äußerst wichtige Voraussetzung darstellt, um sich vor dem Gefühl von Vereinnahmung zu schützen.

NACHWORT

Liebe Leserin, lieber Leser,

wir hoffen, dass Sie durch dieses Buch einige neue Erkenntnisse und ein besseres Verständnis für Ursachen und Auswirkungen von Bindungsangst gewinnen konnten. Wir hoffen ebenfalls, dass Ihnen unser „Handwerkszeug" aus dem dritten Teil dieses Buches den Aufbau tragfähiger und stabiler „Bindungssäulen" leichter machen wird. Wir wünschen Ihnen nun viel Mut und Lust, sich in neuen Verhaltens- und Sichtweisen auszuprobieren. Es erfordert Mut, Ausdauer, Willenskraft und Zeit, alte Muster durch neue zu ersetzen, der eigenen Stimme zu lauschen, ihr zu vertrauen und sich selbst in der ureigensten Authentizität wahrzunehmen und zu zeigen. Wenn Ihre Säulen stark und kräftig genug sind, werden Sie sie vor dem Gefühl emotionaler Vereinnahmung schützen. Sie werden dann partnerschaftliche und andere Beziehungen erfolgreicher und mit größerer Zufriedenheit gestalten können. Passive und aktive Vermeidungsmuster werden Sie dann nicht mehr benötigen. Wir wünschen Ihnen, dass Sie zukünftig mit Hilfe starker Säulen positive Beziehungserfahrungen machen – und sind überzeugt, Sie werden es.

Wir möchten Sie weiterhin darauf hinweisen, dass wir Ihnen die im Literaturverzeichnis aufgeführten Bücher empfehlen können, falls Sie Ihr Wissen in einzelnen Themenbereichen noch vertiefen möchten. Des Weiteren haben wir auf der nachfolgenden Seite einige Filmempfehlungen für Sie. Diese Filme finden wir außerordentlich hilfreich, um die Dynamik in Paarbeziehungen zu verstehen. Sie ermöglichen eine Identifikation mit den Protagonisten, die aktive und passive Vermeider verkörpern. Als Zuschauer sind Sie zwar emotional beteiligt, aber dennoch nicht Teil des Geschehens. Sie dürfen einen Schritt zurücktreten, einfach nur betrachten, ohne agieren zu müssen, und dürfen beobachten, was im Film, aber möglicherweise auch in Ihrer Beziehung geschieht. Durch die Beobachterrolle wird es möglich, sich mit den verschiedenen Charakteren zu identifizieren. Je nachdem, ob Sie sich in ihrer eigenen Beziehung in der Rolle des aktiven oder des passiven Vermeiders wiederfinden – die Zuschauerrolle ermöglicht es Ihnen, sich in die Charaktere der jeweils *anderen* Rollen, also auch in die Ihres Partners, hineinzufühlen, und bietet auf